開誠布公 集思廣益

林嘉誠政經論

林嘉誠・著

自序

　　本書共分四大部分：政治運作、經濟社會、2020年總統大選及2016年歷史殷鑑。另附錄一篇，共計67篇文章，係作者於2019年3月－2019年7月，以及2016年以前若干文章，均在媒體刊登，集成一冊。

　　2016-2018年，作者封筆三年，除了身體健康因素，含飴弄孫照顧孫子，主要考慮蔡英文政府成立，完全執政，先觀察執政良否，不宜妄下評論。2018年11月，民進黨在九合一地方選舉挫敗，各方對於執政批評不絕於耳。雖然停止撰文，但是仍然觀察國際國內政治經濟社會的變化。

　　作者專攻政治學與經濟學，擔任大學教授將近四十年。並曾歷任台北市副市長、行政院研考會主委、考選部長等政府公職十二年。兼具理論與實務經驗。2008年離開政府公職之後，仍然兼任教職，在媒體撰寫評論文章，同時擔任大型智庫顧問。

　　作者曾任台北市政府副市長兼研考會主委（1994-1998），行政院研考會主委（2000-2004）。研考會負責政府總體政策的規劃、執行方案評估及績效考核。專攻政治學及經濟學，並在大學社會學系擔任教授長達二十年。作者對於公共政策的探討，特別著力，相關著作之外，作者於台灣大學經濟系就讀時（1970-1974），擔任大學新聞社長，養成針對時事撰寫評論的習慣。1981-1994年，大學專任教職，亦在媒體撰寫社論、專欄。

2008-2015年，作者共計出版4本評論文集。探討的主題以政治運作、經濟社會、教育文化等為主。每逢重要公職人員選舉，也花費較多時間評析（例如2012、2016年總統大選，2014年地方公職人員選舉）。作者專攻國際政治經濟學及政治經濟學，評論角度，跨越單一政治學或經濟學。再者，以實務輔助，長期實證研究的經驗，秉持社會科學的科學專業，分析評論問題，並嘗試提出解決的方案。政府公職期間，責無旁貸，一介平民，依然如故，善盡知識份子的角色。

本書以開誠布公集思廣益為名，除了自勉惕勵之外，也是有感而發，期待社會各界（尤其執政政府及領導人物）。台灣所處國際環境，本來挑戰不勝枚舉，加上全球化、國際化、資訊化衍生的政治、經濟、社會、文化、教育、生態、人口、能源等問題。考驗全國人民，特別是政府領導人及高階人員、主要政黨、團體、意見領袖、學者專家。唯有開誠布公，以開放胸襟，集思廣益，才是國家發展的正途。反其道而行，胸襟狹隘，彼此抨擊，先入為主積非成是，絕非國家之福。

此書特別列入2016歷史殷鑑，納入數篇2016年以前撰寫文章，除了文章架構、主軸意義依在，再者對照以後三年發展，令人感慨萬千。民進黨政府完全執政，為何2018年選舉挫敗，人民的批評此起彼落。對照2012-2016年在野期間，是否做好執政的準備。作者在民進黨執政的台北市政府、中央政府，擔任十二年政府部門首長，十多年保持無黨籍，本來樂見台灣政黨政治良性發展，可惜國家認同爭議、治理人才未有效培養，民主政治文化有待強化。新興民主國家的缺失，在國內無法避免。

經過將近四年，再度出書。作者歷經人生大風大浪，心境改變許多。截至2012年，仍以全力以赴自我期待，七年之後，順其自然按步就班，自然而然成為典範。年齡漸進，回顧往昔，以更成熟穩重撰文。出身市長父親，大學學歷母親的家庭唯一兒子，父母親的身教言教，充滿理性智慧感情，終身受益人生明燈。

建中、台灣大學、負笈美國德國、博士、教授、副市長、主委、部長，應是人生勝利者的楷模。其實，看盡政治百態，體會多數人民生活方式，七十多年台灣所處國際環境，面對全球變遷。民智漸開，以坦然謙虛謹慎心情，大家開誠布公集思廣益。

本書所有文章，分別在蘋果日報、民報、聯合報、台灣時報等刊登。特別感謝民報陳永興董事長、劉志聰總編輯；蘋果日報杜念中前社長、郭淑媛副總編輯，台灣時報李啟聰主編，聯合報言論部、專欄組。

家人及幾位知心好友，長期的支持及鼓勵。父母親的栽培，兒子學有所成工作順利，孫子帶來的歡樂，感謝上蒼賜予，國家政府提供十多年服務人民的機會。

林嘉誠謹序

2019年7月

目次
CONTENTS

004 | **第四篇 2016年歷史殷鑑**

第一篇
————
政治運作

1 國家安全與基本人權保障

　　民進黨政府一方面口口聲聲促進轉型正義，公布新的政治檔案法，欲還原歷史真相，另一方面大言不慚，以國家安全為由，制定有悖法律原則、可能侵犯基本人權的法案。

　　蔡英文總統目前宣示要在立法院下會期完成中共代理人修法。國民黨團質疑，代理人定義不明，修法只是為明年選舉操作，是變本加厲的綠色恐佈。行政院發言人表示，思考立法是為保護台灣，而非傷害台灣，國民黨的批評顛倒是非，未分辨輕重緩急。

　　其實類似國家安全與基本人權保障的爭議，在2016年民進黨完全執政之後，已有不少實例。最近的例子，國安五法修正，完成防諜修法的最後一塊拼圖，提高為敵發展組織罪刑責，納入網路共謀行為、全面剝奪共諜退休俸。兩岸人民關係條例也修改，退將及卸任政務高官赴中管制15年，違者最重可剝奪月退俸或處500萬元罰鍰。兩岸人民關係條例規定兩岸協商簽署政治協議，應經國會雙審議及人民公投。

　　民進黨及其前身的黨外，在台灣民主發展扮演重要角色。台灣在威權統治一黨獨大的時代，執政者即以面對中國大陸的威脅為由，長期實施戒嚴，頒布緊急命令，嚴格限制人民基本人權。目前的中國大陸，昔日台灣的寫照，中國共產黨政府以國家安全為由限制人民不少基本人權，包括人身自由、言論自由、出版自由、通訊自由等。

　　民進黨政府為了追討不當黨產，促進轉型正義，特別立法成立專責臨時性機構（不當黨產處理委員會、促進轉型正義委員會）。此種為了處理威權統治時期（1949-1992）不當黨產、不當審判等違反人權、公平正義的權宜措施。立意光明正大，與保障基本人權原則脗合。但是法律溯及既往，針對特定團體，有違若干人權保障（例如財產自由、人身自由等）形成一種諷刺。

　　台灣面對中國的文攻武嚇，威脅利誘，無何不用其極，滲透國內每一角落。政府除了提醒人民要有危機意識，制定或修改相關法律，應是天經地義無可厚非。民進黨立委理直氣壯，表示中共代理人的修法，台灣民意強烈要求。行政院發言人強調政府為保護台灣人民，要依照法令提出各項作法讓人民安心。

　　國家安全與基本人權保障，有相輔相成之處，基本人權的保障，以國家安全為要件，沒有國家安全，基本人權岌岌可危朝不保夕。但是國家安全不能無限上綱，損害基本人權，否則本末倒置。因為基本人權的保障，限制統治者胡作非為，大肆擴權。政治權力運作必須遵循民主政治的原則，早期威權統治國家，擅長以國家安全為由，限制基本人權，威脅人民，為所欲為。

　　威權轉型的新興民主國家,民主政治文化尚未根深蒂固,心懷不軌的統治者,在外在環境的變化之下,假國家安全之名,破壞基本人權,時有所聞。台灣威權統治的陰影遺緒尚未完全揮除,促轉會工作使命,應是早日完成此項任務。令人大惑不解,民進黨政府一方面口口聲聲促進轉型正義,公布新的政治檔案法,欲還原歷史真相,補賠威權時期受害者名譽權益,甚者追究加害者責任。另一方面卻大言不慚,以國家安全為由,制定有悖法律原則、可能侵犯基本人權的法案。

　　歷史可為殷鑑,戒嚴威權時期,假國家安全限制基本人權,不勝枚舉,民主新興國家的台灣,絕對不可走回頭路。中國大陸的威脅事實俱在,理性智慧的執政政府,如何在國家安全與基本人權保障之間尋找平衡,責無旁貸。

2　台灣應繫好安全帶

　　《蘋論》川普開車乘客暈車，語重心長有感而發，台灣應繫好安全帶。國際政治經濟變化萬端，尤其川普個人因素，更令人如霧看花，連北韓金正恩也說一股神祕力量促成美國總統踏入北韓國境（非軍事區）。

　　既然是神祕力量或國家元首私人交好（川普已經言及多次，與習近平、金正恩感情深厚），傳統的國際政治及外交策略，是否已經不太管用。答案似乎也非肯定。經過幾個月中美貿易戰，最後峰迴路轉，又回到正軌。因此國際政治經濟的常規、理論、政策，仍然有脈絡可尋，只是添加個別變數，不論貴賓或搭便車的路人，的確應繫好安全帶。

　　其實上車，不論駕駛或乘客，繫好安全帶，本是天經地義，基本保命生存之道。台灣七十多年，在美國、中國的互動中，追求自主發展，何嘗不是如此。只是國力的消長，中國大陸的變數，美國現實主義外交戰略，隨著國際政治經濟環境，靈活運用。例如1950-1970年的圍堵戰略；1970-1990年聯中制俄；1990-2000年一元霸權；2001-2008年反恐戰略；2008年-迄今，重返亞洲，歐巴馬亞洲再平衡，川普印太戰略，大同小異，只是中國勢力今非昔比。

美中對抗，當然不僅貿易戰，印太戰略對上中國一帶一路，南海、東海、台灣海峽。包括伊朗、中東、甚至歐洲、非洲。崛起的中國，自稱以特有國家社會主義，取代西方民主資本主義。5G技術，智慧財產權、國家角色、匯率操作、外貿工具、雙邊或多邊談判。包括G20、七國高峰會議，WTO、APEC、歐盟、IMF、世界銀行等跨國經濟組織等角色扮演，全球或區域發展，目不暇給，令人眼花撩亂。

可是不論貴賓或乘客，均非完全操之在我的駕駛，必須理性謹慎小心。個人可以放言高論，理想浪漫。國事如麻，身為國家領導人或重要政府官員、主要政黨及其負責幹部，國家未來可能的領導人（例如呼聲不低的總統候選人）。國家主權民主自由平等，經濟轉型發展，甚至庶民經濟，沒有任何政治人物、政黨，取得專利。尤其兩隻大象時而搏鬥、時而擁抱，絕對不宜童騃式站在任何一隻大象肩膀上。否則個人、個別政黨事小，全民福祉、國家安全，玩笑不得。

應該如何的規範性命題，是種理想價值抱負，民主自由國家，互相尊重集思廣益。不宜隨便指摘別人，自以為是，真理唯我獨尊，別人沒有理想價值。是什麼的經驗命題，更是不可或缺，否則如何描述、解釋、預測。尤其太多突然、超越常態的國際政治經濟變化，主其事者的國家安全會議、外交部、行政院、經濟部，更加責無旁貸。開誠布公察納雅言，同心協力，國家前途不二法門。

3　民意調查的若干省思

　　國內的民意調查機構林立，有關政治意見、政治態度、政治參與的調查，不勝枚舉。尤其選舉期間，有關選民投票行為的研究。更為特別的，國內兩大主要政黨的總統提名，國民黨雖保留部分黨員意見，仍以全民調為主。民進黨則全部依據全民調結果，在世界主要民主國家十分罕見。但也凸顯民意調查在國內政治過程扮演不可忽略的角色。

　　民意調查本是社會科學十之八九學科必須修習的課程。因為社會科學泰半研究人與人互動行為，每個人扮演社會角色，依據社會規範、社會制度等，形成社會系統。欲掌握每個社會成員的心理、意見、行為，由於人數眾多，不可能一一訪談。因此政府、研究機構、專業團體、大眾傳播等，透過科學的抽樣，依據有限樣本訪談結果，在可信賴水平下，推論研究母體（對象）的特質。

　　除了抽樣之外，問卷的設計，不論結構性或非結構性，問題是開放性或封閉性。主要目標是掌握信度、效度。效度的掌握，主司其事者責無旁貸，信度雖然受到受訪對象是否誠實回答，但是仍然有一些方法，可以克服。預試，信度、效度檢定，嚴謹民意調查的必備程序，比較沒有完整學理基礎的坊間民調，通常略過預試的程序，信度、效度或多或少打了折扣。

面訪的成本昂貴，科技社會也無必要。電話訪問成為最普及的民調方法，如何抽樣，也是一門學問。手機的普及，網路的發達，各式各樣的民調添增新的工具及可能措施。民進黨為了市話及手機樣本比例，掀起風波，不可否認，這些是值得深入討論的課題。只是應該在正式頒布初選作業時，即宜決定。國民黨內部也有討論，最後仍然採取市話全民調。透過加權，處理年輕人樣本偏低問題。

其實，如何抽樣、使用何種工具，與時俱進，科學方法及問題解決，並不困難。根本癥結，在於民調機構，除了長期累積形象，造成機構效應之外，如果心存不正，或無意的疏失，民調結果信度效度均可能出現瑕疵。沒有公信力的調查機構，淪為宣導工具的民調結果，或許仍有若干政治效果。但是民智已開的社會，久而久之，只有自取其辱，或自我安慰，最後嘗到苦頭。

民意調查具備學理、科學專業，係學術研究、政府了解民心動向，大眾媒體掌握民心向背，特定組織探討內部成員意向的稀鬆平常作業。選舉攸關政權更迭，政黨、候選人、媒體等，透過民調了解階段性選情，調整選舉策略。可是造假民調，包括民主先進國家也不可避免，特別在網路科技發達時代，境外勢力防不勝防。

科學技術、理論實務，不斷更新進步，國內民意調查蓬勃發展，被重視程度與日俱增。若干明顯的缺失，有賴相關機

構、人士，齊心協力虛心改進。民意調查有如科學研究、正式
選舉，信度效度不能折扣。

4 公民投票，集思廣益群策群力

　　立法院通過公投法修正案，確定公投與大選脫鉤，2020年總統大選確定不會合併舉行公投。新法規定，未來公民投票日定於八月第四個星期六，自2021年起，每兩年舉行一次。中央選舉委員會副主委表示，公投案件已進入第二階段的連署者，仍通用原有的連署規定，沒有所謂適用新法的問題。

　　媒體批評民進黨強悍修法，整隊2020年，藍營聊表抗議，齊將公投送終。雖然國民黨總統角逐提名人朱立倫稱民進黨崩壞，郭台銘疾呼用選票唾棄。民間團體認為這筆帳，化為明年大選能量。批評從鳥籠公投到鐵籠公投的呂秀蓮前副總統稱，公投修惡，戰爭沒結束。

　　公民投票如何實施，的確有賴全體國人、主要政黨、民間團體等集思廣益群策群力。否則一套直接民主的重要機制，經過民主人士前仆後繼，逐漸成型的公民投票，卻爭議不休，而且走樣偏離。再者未釐清公民投票的本質，純粹在執行技術面打轉，例如是否與大選脫鉤。配合學生在暑假舉行，已是捨本逐末課題。

　　英國號稱最古老民主國家，最近兩次全國性公民投票，卻吃盡苦頭。蘇格蘭獨立公投，脫離歐盟公投。前者造成長期爭取蘇格蘭獨立的該地人民重大挫折，迄今陰霾依在。後者形成燙手山芋，連續折損兩位首相，一延再延，對於英國政治經濟社會的損害，不可計量。同樣地，法國馬克宏政府受到黃背心運動的強烈挑戰，也遲遲不敢接受該運動的訴求，輕言舉行公民投票。

法國有1960年代戴高樂的公民投票前車之鑑，小心謹慎，或許情有可諒。但是包括美國、日本、德國等大型民主國家，全國性公民投票鳳毛麟角屈指可數，理由何在，值得深思。美德均是聯邦制國家，邦級政府自治，常見的公民投票，十之八九係屬邦級以下課題。全國性公民投票少之又少，或是修憲未經由公投程序，例如美國。國人常引用的瑞士，政府體制相當特別，高度邦聯制，全國性公投的輔助意義相對較高。

台灣引進公民投票，除了理論鋪設並不困難，例如國父思想早提倡在選舉、罷免之外，另有創制複決。民主政治的間接民治的不足缺失，尤其代議政治不彰。主權在民，全球化、民主化、人權伸張、公共議題層出不窮等。公民投票呼聲此起彼落，台灣也不例外。尤其早期公民投票與自決被視為等號，有關於台灣主權、國家名稱、制定新憲等，成為部分人士對抗的籌碼，更使問題錯綜複雜。

隨著民智漸開，政治力量的角逐，國內公民投票的立法及實施，歷盡滄桑。鳥籠公投的逐漸解綁，降低投票年齡，連署、投票、通過等門檻。2004、2008年兩次公投綁大選。去年地方選舉與九項公投一併舉行，中央選舉委員會嚴重失職，造

成人排長籠，一面投票一面開票等不可思議怪現象。痛定思痛
集思廣益，得到的答案，大選與公投脫鉤。再度引起爭議，的
確公民投票，仍待國人、主要政黨、團體，群策群力，開誠布
公察納雅言。

5　由國安五法修正談統治權行使規範

　　立法院加開臨時會，欲完成防諜修法的最後一塊拼圖，提高為敵發展組織罪刑責，納入網路共諜行為、全面剝奪共諜退休俸。兩岸人民關係條例也修改，退將及卸任政務高官赴中管制15年，違者最重可剝奪月退俸或處500萬元罰鍰。另已完成修法的兩岸人民關係條例規定兩岸協商簽署政治協議，應經國會雙審議及人民公投。

　　國家機密保護法規定，向中國、外國、境外敵對勢力洩密者，最高可處有期徒刑15年以下之重刑，另規劃涉密人員出境管制最高可達6年。刑法外患罪增加若洩密予中國等敵國，處3年以上、10年以下有期徒刑、在戰時洩密最重可處死刑。

　　面對中國的文攻武嚇，威脅利誘，無所不用其極，滲透國內每一角落。負責任的政府除了提醒人民要有危機意識，完全執政的政府制定或修改相關法律，應是天經地義無可厚非。但是法律的內容是否妥適，攸關當事人的基本權利，務必謹慎小心，否則影響統治權的行使規範，更嚴重的損害民主政治的運作。

　　民進黨首次完全執政之後，善用立法院多數優勢，掌控立法權，包括爭議不休的軍公教退休年金、一例一休立法、追討不當黨產條例、轉型正義立法等。除了政治色彩濃郁，加上觸及信賴保護、行政部門的準立法及司法權分際、人民基本權力保障等，已有若干正在進行釋憲作業。未來大法官會議的釋憲結果，具有高度的政治、法律意義，攸關政府統治權及人民基本人權的分際。

以近日立法院通過未來公投與大選分割，防諜修法，因應網路言論取締，不實假消息的處罰。這些新興議題，考驗執政政府的智慧，科技社會帶來的諸多新課題，的確讓執政者必須理性務實地因應。民主政治運作良否，可能繫於擁有行政立法兩權完全執政的決策者。

民主國家，統治權的來源由人民授予，並加以規範，基本人權神聖不可侵犯。香港逃犯條例引起軒然大波，數百萬人民街頭抗議，全球矚目。乃是該法嚴重影響香港人民的基本權益，立法局能否一意孤行通過，值得商榷。

民主法治精神，憲法係最高規範，立法部門制定法律不得牴觸憲法。威權統治的國家，憲法淪為統治工具，立法部門則是橡皮圖章，仰賴立法保障人權，天方夜譚渺乎可得。反而，立法成為剝奪人民權利的利器，例如中國管控維權，制定不少法律。加上拜科技之賜，國家機器更是有恃無恐（例如辨別技術、監聽手段日新月異）。免於恐懼的自由，幾乎成為幻影。

權力造成腐化，絕對權力造成絕對腐化。腐化的表徵之一，濫用國家機器，包括任意修法，假借國家安全之名排除異己，以不法手段行使威脅利誘，動用公權力機構監控追究刑責,營造恐懼氣氛等不一而足。台灣係民主新興國家,務必秉持民主政治理念,謹慎行使統治權。

6　科學專業、政策制定與國家發展

　　民進黨總統初選民調結果揭曉，落敗的當事人接受事實，卻有一些支持者不予承認。指責民調結果有若干疑惑，無法令人信服。其實，民調是種科學專業，遵守程序掌握信度效度，誤差在可接受範圍，批評者不宜信口開河。

　　柯文哲市長最近推出這是科學的宣導片。專業、價值、民意係公共政策制定的三大基礎。所謂專業是否與科學可以劃為等號，見仁見智，但是八九不離十。包羅萬象的公共政策，除了人文濃郁的文化政策（例如文化部日前在行政院會報告，建構文化內容產業生態系推動成果與未來重點計畫。具有高度專業性，但不是完全科學，此類公共政策比較容易眾說紛紜。

　　教育部、行政院科技會報辦公室最近分別提出精進資通訊數位人才、台灣5G行動計畫，則具有高度專業及科學性。但是純粹偏向專業科學有時忽略人文因素，推動AI、5G、培養數位人才，人文因素不可或缺。例如長期受人矚目的科技與倫理課題，再者數位人才雖然不能課予全才允文允武，但是科技能力之外，基本人文素養不可或缺。台灣的數位發展有目共睹，但是主要美中不足，硬體、軟體發展不成比例。近年來嘗到苦果。

　　相似地，AI時代即將來臨，可能凌駕整合替代軟硬體。除了科學專業，人文社會因素更形重要。國內部分人將科學視為自然科學、生命科學，人文學與社會科學混淆合一。科技部（前身的國家科學委員會），迄今仍將兩者併為一處。其實社會科學與自然科學、生命科學均是科學，只是研究對象不同，社會科學發現的通則、定律、理論的描述、解釋、預測能力，有待加強。

　　再者，社會科學之中，經濟學研究，科學專業遙遙領先其他社會科學（純指實證理論及方法）。諾貝爾獎，和平、文學獎意義不同，其他四類；物理、化學、醫學、經濟。可知經濟學研究的科學專業性，但是經濟學研究攸關國計民生，不論研究單元：國家政府（甚至國際組織社會）、企業、個人。與人息息相關，因此經濟學被視為人文與科學的結合，有別於純人文或科學的學科。

　　無論何種科學專業，均是重大公共政策的不可或缺要件之一。公共政策除了技術可行性，政治可行性也不能忽略。兩者的比重視政策的性質而不同，價值、民意構成政治可行性的支柱。但是尊重科學專業，以開放胸襟，廣泛徵詢相關當事人、團體、學者專家、媒體輿情、政黨等意見，真正集思廣益。應該是政策決定者（行政首長、民意代表）的要件。科學專業、政策制定與國家發展，環環相扣密不可分。

　　科學有其共識界定，專業亦然，從教育著手，全民努力。

　民選公職人員責無旁貸，政策制定優質，國家發展方能屹立不
搖邁向前進。

7　反對一國兩制是朝野共識？

　　為反對香港政府強行推動逃犯條例修訂草案，成為引渡中國法源，號稱103萬香港市民於6月9日走上街頭，參與反送中大遊行，創香港30年來最多人數遊行紀錄。由於該條約例若通過，台灣人民赴港恐遭逮捕引渡中國。加上港人反映對一國兩制的不信任，台灣人民感同身受，包括主要總統候選人均發表相關談話。港人悲憤台灣同怒，各界維權國際聲援。

　　今年1月2日告台灣同胞書40周年紀念會上，習近平發表五點對台重要談話。其中九二共識沒有一中各表，積極推動一國兩制台灣方案，雖然在2014年11月接見國內統派團體時已有類似談話。但是在正式會議公開表示，仍然有其不同政治宣示。台灣方面，蔡英文總統一改往昔理性務實形象，化身辣台妹，大肆抨擊九二共識就是一國兩制，台灣人民不會接受。捍衛主權民主自由，係國家元首的責任。適逢美國中國衝突升高，美國印太戰略對上中國一帶一路。美國朝野反中情緒不低，立法及行政部門提出一些友台措施。

　　台灣處在兩大強權之下，如何自處？本來就考驗領導人及全國人民的智慧抉擇。尤其中國宣稱對台灣擁有主權，反對任何形式的台灣獨立。美國一國中國政策，秉持三個公報及台灣關係法的主軸並未改變。台灣友人卜睿哲日前苦口婆心勸說，若干對台灣美國未來互動，過度樂觀的國人。總統候選人、主要政黨針對親美、友中、和中、九二共識、一國兩制、和平協議、中華民國現狀、台灣未來統一、獨立等攸關全民福祉的議題，提出主張。乃是天經地義，也責無旁貸。

唯這些攸關台灣前途的議題之外，台灣政治、經濟、社會問題層出不窮，亟待解決不勝枚舉。主要政黨及候選人，將焦點過度集中底層、未來、非自己完全掌握的議題。刻意或無意之間轉移必須面對的外交困境、經濟陷阱、政府效能、黨派操作、社會對峙、政治信任危機等。尤其甚者，彼此之間大作文章，抨擊對方出賣台灣，心態封閉，完全無法容忍異見。刻意製造危機意識，扭曲事實危言聳聽，引起人心惶惶。絕非負責任政黨或政府所應為。

台灣民智已開，面對中國大陸威脅利誘，如何以智慧、理性、務實，找到良策。大家集思廣益；反其道而行，自損國力。口口聲聲捍衛主權民主自由者，務必謹言慎行，尤其執政政府及政黨。除了少數例外，反對一國兩制，主要總統候選人均先後表示，應該視為朝野共識。

誠然，共識基礎應該樹立在正面的陳述，以反對為內涵，似有不足之處。但是台灣歷經朝野對峙，彼此不信任、惡質抨擊，統獨非一朝一夕可以解決。台灣中國實力無法等量，中國大陸仍然威權統治。以小事（搏）大，朝野共識，全民團結，以智取勝，不可或缺。

8　政黨政治何去何從

　　民進、國民兩黨總統提名作業，如火如荼進行，高潮迭起沒有冷場。但是也超越政黨政治常態，令人不禁質疑，國內政黨政治未來何去何從？

　　以民進黨為例，現任總統在黨內初選，受到離職不到兩個月的行政院長公然挑戰。在民主國家十分罕見，儘管美其名民主進步，仍然令人不解。政見發表會、全民調（手機、用戶均占一半）陸續登場，本來只是黨內提名，非黨員不必置喙。可能攸關本土政權是否繼續執政，大老、海內外本土社團紛紛表態，蔚然成風。

　　國民黨也是大致雷同，初選規則經過一段時間才正式定案。參選人數高達六人，變化莫測，誰能脫穎而出，迄未塵埃落定。若干候選人有感而發，大聲疾呼黨要有總體策略方針。作為最大在野黨，又曾經長期執政，國民黨有義務向人民說明未來的施政藍圖，才能脗合政黨政治理念。

　　世界各國政黨政治的發展，幾乎改寫比較政治及政黨政治理論，著名學者福山的認同危機，道出若干端倪。政黨本是一群志同道合人士組成的，提出黨章、黨綱、共同政見。以凝聚民意、培養政治從政者、贏得執政實現理想為職志。國家對於政黨的法律定位（例如德國政黨法令、不分區設計、公費補助、政黨內規必須符合法律等）。美國柔性政黨國家，初選制度仍由政府部門負責辦理。政黨成為民主政治不可或缺的一環。

全球化、快速國際政治、經濟、社會環境的變遷，也衝擊傳統政黨政治的運作。多元認同，兩大主要政黨無法與時俱移，性別認同、環境保護、氣候變遷、外來移民等。民主典範的歐洲國家，政黨政治與昔日大異其趣。英國、法國、德國、義大利、西班牙等，總統、國會議員、地方選舉，甚至近日的歐洲議會選舉，均出現令人矚目的新現象，絕非以民粹主義等一言兩語說明。威權解體，民主政治實施尚淺的東歐國家，更值得分析正視。

台灣的政黨政治發展，迄今三十年，隨著解除黨禁、總統直接民選、憲法修改、國會全面改選、相關政黨法律制定。民進、國民兩大政黨在中央政府輪替執政，包括時代力量、親民黨在立法院仍有席次。作為新興民主國家，台灣處於特殊國際環境，民主政治、政黨政治如何發展，本來就無法完全掌握預測。政治文化、社會變遷、兩岸互動、外交空間等，均有至深且巨影響。國內主要政黨、政治人物，均是責無旁貸，人民尤其扮演樞紐角色。

政治發展或政治逆退，包括老牌民主國家、新興民主國家，或現在仍然威權統治的國度。正在進行下去，迄今沒有定論，台灣亦然。當然其中包括政黨政治何去何從，因為政黨政治是民主政治的重要縮影指標之一。

9　理性務實的制定公共政策

　　高雄市長韓國瑜提出的自由貿易經濟區構想，引起民進黨上下圍攻，包括蔡英文總統不能讓台灣貨和中國貨分不清楚，就是我們反對自經區的原因。高雄市時代力量市議員相關質詢，也引起廣泛矚目。

　　自由貿易經濟區的內涵包羅萬象，不一而足。例如共同市場、歐盟、自由貿易協定、關稅同盟、北美自由貿易、東協加六等，涉及兩國以上的經貿協定、特區等，本來就是錯綜複雜，不同構面，意義大相逕庭。即使只是單純一國之內的公共政策，複雜性或許有別，也都有相似的決策模式。

　　包括財經政策在內的公共政策，一定經過問題認定、政策規劃、政策制定、政策執行、政策評估等五大階段。由誰主導、何時？何處？內容是什麼？執政的政府當然責無旁貸，必須負責。包括自由貿易經濟區的公共政策，涉及中央法規制定，跨越不少部會，當然必然在地方落實。因此中央政府、相關地方政府務必齊心協力，理性務實討論，集思廣益多方諮詢社會各界意見，最後透過行政部門提案，立法部門完成制定法律。

　　公共政策的基本考量；民意、專業、價值。民主政治以人民福祉為優先考慮，公共政策如果違背多數人民的利益，執政黨政府遲早會遭到人民的反對淘汰出局。公共政策除了政治可行性考慮（民意、執政者價值），技術可行性更是不可或缺。

技術可行性與專業劃上等號，幾乎十之八九的公共政策，例如財經、國際外交、科技、公共建設、社會發展、教育文化、環境衛生、能源開發、緊急救難等公共政策。均涉及不少專業性，唯有理性務實搜索先進國家經驗、人民動向、相關利益團體主張，並綜合評估人力、預算、法令、時間等。經過一定的程序，最後由行政部門的首長裁定，必要時送立法部門修改法律或制定新法。

凡是與民眾福祉攸關的公共政策，引起的正視、討論必然不少。政黨、社會團體、智庫、中央政府、地方政府、大眾媒體、一般民眾、民意機構、學者專家等，均扮演某種角色。科技化網路社會，也影響公共政策的決定模式。涉外有關的公共政策，變數更多，許多政府無法掌握，添加困難。例如兩岸政策、南向政策、外交政策等。

公共政策當然免不了相關當事人的價值觀，但是所謂文官中立，在於期勉專業訓練的各級文官，秉持專業規劃公共政策。學者專家亦然，以豐富學理提出卓見。專業、民意、價值三者如何取捨，更考驗政府行政首長的智慧抉擇。期待人民、團體、大眾媒體、民意代表、政黨，也多理性務實討論公共政策。優質公共政策成為公共財，全民共享，國家進步不可或缺的元素。

10　國家安全與經濟利益不一定衝突

　　最近國民黨、民進黨均為了總統初選提名，陷入混亂局面，令國人嘖嘖稱奇。有關政策的討論鳳毛麟角，但是從韓流崛起，執政的民進黨政府，面對威脅，全面展開凌厲攻擊。韓國瑜的所作所為及其人進貨出發大財的主張，尤其涉及台灣及中國大陸的經貿交流。被視為經濟利益有違國家安全，民進黨政府的訴求主軸之一，國家安全與經濟利益的衝突，似乎呼之欲出。

　　護衛主權民主自由，對照一昧追求經濟利益（尤其兩岸經貿交流衍生的），國家安全與經濟利益的衝突，將可能成為未來總統大選，朝野政黨主要訴求主題之一。馬英九執政，即被在野黨批評為一昧追求兩岸經貿交流的不確定或僅利於少數人的經濟利益，而有損國家主權等國家安全。

　　其實仔細思考國家安全、經濟利益，均有其固定的意涵，兩者並不一定衝突，甚至相輔相成。國家安全當然是國家人民至上的目標，沒有國家安全，人民生活恐懼之中，甚至家破人亡，覆巢之下無完卵。祭出恐懼牌，常常有些效果，理由不言而喻。但是民智已開的民主社會，過度的恐懼牌，除了掀起人民不必要的驚慌，成效反而不彰，甚至背道而馳。

　　1949-1980年國民黨政府一黨專政及威權統治的年代，中國大陸的可能威脅，以國家安全為由戒嚴、動員戡亂、限制人民自由人權、參政等。威權轉型、完全民主選舉、政黨輪替執政。中國大陸的威脅依在，甚至變本加厲，執政者如何理性務實應對，展現領導規劃政治智慧。刻意扭曲一昧訴諸恐懼牌，造成人心惶惶，絕非良策。日前一些香港模式即將套進台灣，新疆維吾爾族集體教育告訴國人不要步入後塵。危言聳聽，反而掩蓋中國大陸真正對台灣的威脅利誘，所形成立即明顯或潛在的傷害。

訴求國家安全與經濟利益衝突，也要經得住理論及實務的檢驗。國家安全、經濟利益，在學理上有嚴格界定，實務上也有理論衍生的不少具體指標。各國成立國家安全會議，頒布國家安全法律，均針對國家安全有嚴謹定義，台灣也不例外。只是何謂國家安全問題，有時候人言言殊莫衷一是，執政政府有責任釐清，向國人說明。

經濟利益更是顯而易明，經濟成長、分配、穩定，構成經濟發展，也是總體經濟利益，以及個人經濟利益。相關的指標，不少國人耳熟能詳，而且已經是日常生活的一部分。政治經濟學、國際政治經濟學，提供不少理論，探討、詮釋個人、總體經濟利益。生產、消費、交易、分配本來就是經濟活動四大構面，關照經濟利益的主體、變化等。

國家安全與經濟利益，不但沒有衝突，反而相得益彰，不少經濟學諾貝爾獎得主，從個人選擇到公共利益，民主政治的經濟詮釋、同意的計算等，提出令人省思的答案。

11 試院瘦身與未來改造之道

　　立法院司法及法制委員會日前初審通過考試院組織法修正草案，將現行十九名考試委員瘦身為三名，任期從六年改成四年。並明定三款任用資格。新增試委不得赴中國兼職，若違反規定即喪失試委資格。至於是否保留考試院會制度，因仍有疑義，保留送黨團協商。

　　考試院是相當特別的政府組織，在世界各國十分罕見。考試院依憲法規定，負責公務人員考試、銓敘、保障等。一般國家為了使類似機構傾向獨立行使職權，頂多設置部級的行政獨立機構，例如文官委員會。有如我國行政院行政獨立機構，NCC、中央選舉委員會、公平交易委員會。

　　考試院現有職權分別由考選部、銓敘部、公務員保障暨培訓委員會三個部級機構行使。考選部的業務以公務員考試（包括初任、升等、特種人員）為主，另有專技人員考試（包括檢覈）。這些業務沒有必要設置部級機構執行。銓敘部主要負責公務員任用、升遷撫卹、退休等。行政院設立人事總處，業務與銓敘部、保訓會部分重疊。國家文官學院、公務人員退休撫卹基金監理委員會及管理委員會，均可改隸行政院。

　　考試委員主要工作出席考試院會、聯席審查會。另一主要

工作，擔任典試委員長，其他典試事務。行政院不管部會政務
委員也不超過十人，不管部會的考試委員沒有理由高達十九人
（設置十九人，源於早期華北、華中、華南一省一試委）時空
背景早已不同。此外，典試委員長來源多元化，作者擔任考選
部長（2004-2008），由於考試委員擔任典試委員長，依據立
法院決議，不得再支領酬勞。若干試委拒絕出任典試委員長。

考試院長期之計，應該修憲廢除，業務移撥，此種規劃研
究不勝枚舉。中短期試委19人調降，合理合理，也合法。至於
人數多少，3-19人之間，仍有共同協商空間。究竟採取合議制
或獨任制，依其性質，仍維持合議制原則，由考試院正、副院
長、考試委員、考選部等三部會首長，共同議決。與行政院會
的獨任制有別，與獨立行政機構類似。

未來修憲，監察院存廢一併考慮。包括彈劾、糾舉、糾正
等監察權，也沒有必要另設院級機構，各國監察長制度，已有
定論，組織調整及業務移撥，並不困難。五權憲法調整為三
權分立制度，與國家定位等問題無涉，採行與否，完全依據
決心。

12　蔡英文的政務官們

　　一連數天，又有三位現任或昔日部會首長頻出狀況。國家傳播委員會主任委員詹婷怡因為假新聞處理不力，遭行政院長蘇貞昌公開的暗諷，請辭獲准。大陸委員會主任委員陳明通接受媒體訪問時，針對韓國瑜到中國大陸積極推展農產品，高唱經濟一百分，政治零分。或許中國文攻武嚇，動作不斷，高規格接待韓國瑜，軍機有目的穿越海峽中線。作為兩岸主管部會首長，苦口婆心語重心長。說出人若只顧腹肚與禽獸有什麼差別的禽獸說。為此兩度鞠躬道歉。

　　已經轉任國安會議諮詢委員的前法務部長邱太三涉及桃檢關說案。法務部長涉及關說，事態嚴重，身為全國最高法務部門，監督檢察、調查、廉政、矯正等重大業務。如果涉嫌違法，一定追訴到底，負起政治法律責任。以往蕭天讚法務部長，馬王之爭時法務部長，均因此鞠躬下台。

　　賴清德卸任行政院長不到兩個月，以承擔責任為由，公然挑戰昔日老闆總統蔡英文的連任。民進黨若干人士唯有以民進黨民主自由競爭為由，自我合理化。其實此種在民主正常國家十分罕見。總統最親信、權力一人之下眾人之上的閣揆，公然挑戰老板連任。除非老板施政不力、領導風格偏差、執政路線爭議，否則不可思議。難怪包括英國經濟學人雜誌以家變稱之。

蔡英文執政三年，政務官們荒腔走板情事不勝枚舉。中央選舉委員會主任委員陳英黔因為去年九合一選舉，與十項公投案合併舉行。事前規劃不周、事情發生時，危機處理捉襟見肘，造成選舉大排長龍，選民怨聲載道，出現一面投票一面開票，嚴重影響選舉公正性。轉型正義委員會張天欽事件舉國嘩然，造成傷害至深且鉅。

管中閔台灣大學校長案，更是可以列入歷史。三位教育部長為此下台，尤其第三位教育部長葉俊榮不惜與閣揆翻臉，如此重大決定，數分鐘前才告訴閣揆，令長官措手不及，隔日長官勉為其難同意辭職。

敗選人士組閣或許仁智互見，但是不尊重選民意願，有違政治常規。蔡英文政府若干措施，遭人詬病，即是不少有違常規的情事。原高雄市政府團隊，出任部會正副首長、國營企業董事長的人數之高，令人咋舌。此一團隊如果表現優異，大家無權置喙。可是去年年韓國瑜風起雲湧，秋風掃落葉。一葉知秋，中央政府執政品質優劣，不言而喻。

政務官是政府的骨幹，領導常任文官為國為民全力以赴，視為天職榮譽、使命。有權任免政務官的總統，領導能力良否，識人之明、用人唯才。心胸開闊廣結善緣，廣納優秀人才，加入團隊，充份授權，肩負重責。所謂良相佐國，自己閣揆公然挑戰，情何以堪。執政良否，人民已有判斷，即使自忖已經盡心盡力，重新檢討再出發。可惜時不我與，民調低落不振，街坊民眾心聲，黨內初選面對嚴苛自家人挑戰。政務官的任用嚴重缺失，應是主要因素。

13 台灣民意最佳的資料庫

　　台灣民意基金會成立迄今發表第34個調查報告，基金會在游盈隆教授領導下，以嚴謹的學術規格，每月公佈效度、信度俱佳的國是民意調查報告，堪稱了解蔡英文主政將近三年期間最佳的資料庫。在民意調查幾乎浮濫成災的台灣，更是難能可貴，明智的政府如果能夠善用該會資料，應該可以更了解民心向背，針對問題，規劃更多良好的公共政策。可惜民進黨完全執政的政府，未能善加運用，錯失不少機會。

　　此次調查報告，內容相當豐富，但是彼此之間互相關聯，綜合提出下列心得。

　　一、蔡英文聲望仍然低落，32%贊同度，54%不贊同處理國家大事方式，與歷次調查結果比較，並無起色。雖然蘇內閣整體施政表現升高，48%滿意度，36%不滿意，較上次調查提高12%。蘇內閣快速處理問題，宣布利多政策，閣揆個人形象等，可能是原因。

　　二、賴清德宣布投入民進黨總統初選，引起不少民意迴響。高達六成支持，將近三成（29%）不支持。採取全民調產生總統提名人的民進黨，

　　結果呼之欲出。不論中間選民，或認同民進黨或國民黨選

民，賴均遙遙領先蔡英文。蔡英文投票支持度26%，將近三分之二不看好，只有四分之一看好。但是與四個月前民調結果比較，蔡上升六個百分點，賴則下降五點七百分點。

三、賴清德與國民黨可能候選人：朱立倫、韓國瑜競爭，賴清德均維持領先。賴、韓分別是48%、41%；賴朱則拉大差距，53%、34%。加入柯文哲亦然，賴清德領先，韓國瑜第二，柯文哲殿後。國民黨由朱立倫上陣，賴柯朱排名更迭，賴仍領先，柯文哲第二，朱立倫敬陪末座，支持率分別是：36%、30%、22%。其他民調綜合顯示：第一、柯文哲支持度下滑，元月時，柯領先賴及朱，此次調查結果，如果柯、賴、韓，柯文哲掉到第三，國民黨由朱立倫出征，賴仍領先，柯次之，朱殿後。第二，韓國瑜勸進聲浪有增無減，但是支持熱度漸漸降低；不論一對一賴清德，或是賴韓柯三角督，均不及賴清德。賴韓兩雄對峙，賴以48%領先韓的41%。第三，朱立倫在三強對峙居落後；第四，韓國瑜如果不選，部分票轉向柯文哲；第五，賴清德參選效應不可忽視。

賴清德宣布角逐民進黨總統初選，引發各界討論，評價仁智互見，但是創造議題，包括特赦阿扁、務實台獨等，皆成為近日聚訟紛紜的焦點。民調領先是否與此有關，可以想像。未來發展如何，民進黨蔡賴配是否成局，應是未來政局發展的重要變數。

四、政黨認同部分，此次調查有若干變化，包括中間選民比例降低，認同民進黨比例再次高於認同國民黨比例。原因何在，可能剛剛完成立委補選、兩岸緊張情勢升高，總統初選正式展開等有牽動。基金會長期探討政黨認同變化，國民黨認同者一度高於民進黨認同者，此次調查結果又翻轉，十天前立委補選有雷同現象。中間選民剩下二成四，以前曾高達四成八，頗值得探討。

　　五、重大政策包括核四是否重啟，簽訂兩岸和平協議，支持反對比例均在四成到四成五左右，與兩大政黨針鋒相對，是否連接，值得討論。上述兩大議題攸關能源政策，台海和平共處，國家未來走向。

　　依時間序列累積資料，比較分析，係民意調查基金會的強項，因此每次調查報告，均彌足珍貴，頗具意義。將近三年的累積，成果豐碩，成為名實相符台灣民意規模最大、內容最充實的資料庫。相信現在、將來均成為不可或缺的知識典藏。

14　主權民主非特定政黨個人專利

　　賴清德參加民進黨總統初選，形式上，民進黨總統提名採民主開放程序，依規定辦理。可是賴清德以卸任行政院長短短兩月，公然挑戰黨籍現任總統，即使在民主先進國家也相當罕見。以美國為例，六十年來，僅出現1980年，當時欲連任的卡特總統在民主黨內，受到愛德華甘迺迪挑戰，但對手並非卡特總統下屬。內閣制國家，類似情形較多，例如最近澳大利亞。

　　蔡英文完成民進黨總統初選登記，意有所指提出擔任台灣總統需要連結國際、推動改革、挑起責任的三項條件，她霸氣認為，這三件事的答案，就是蔡英文。民進黨需要我，台灣也需要我。賴清德震撼彈威力依大，政治漣漪餘波蕩漾。除了特赦阿扁議題，賴的務實台獨論，在此次總統選舉所掀起波濤，倍受矚目，也令人引以為憂。

　　賴以台灣面對中國挑戰，為了捍衛主權民主，勇敢承擔責任，係他參加黨內總統提名的初衷。賴公開表示自己是務實的台獨政治工作者，政治主張鮮明，所以挑戰昔日老闆蔡英文總統，或許綜合考慮蔡英文三年執政，民意滿意度不佳，連任之路相當艱難。蔡與若干台灣本土社團互動不佳，蔡的維持現狀，包括對東奧正名、修改公投法進行制憲正名入聯等不表熱衷，遑論宣布法理台灣獨立。加上本土意識較濃厚的基層民眾憂心忡忡，深懼國民黨重返執政。中國對台灣無孔不入統戰，習近平年初對台五條談話，台灣受到立即明顯威脅。保障台灣主權、維護民主自由人權，本土基層、社團、政治人物引以為憂，視為迫於眉睫的重大課題。

其實保障台灣主權、維護民主自由人權制度，應是多數台灣人民的共識。只是有人使用中華民國、中華民國台灣。政治立場鮮明者或許反對中華民國、甚至中華民國台灣，但是共同面對中國大陸威脅，欲文攻武嚇統一台灣。一個中國、一國兩制、協商統一、高舉中華民族偉大，不排除武力犯台，利誘台灣人民，觸及台灣各角落。賴所述及課題，蔡英文總統及朝野主要政治人物並非默不發聲，賴黨內競爭對象蔡英文，或未來國民黨可能總統參選人：朱立倫、王金平、吳敦義、韓國瑜，也均有對兩岸互動、九二共識、中華民國主權、一個中國、一國兩制、兩岸和平協議等發言。

蔡英文在賴清德正式登記參選之後，選在太陽花學運五周年當天，重申她任內絕對不允許一國兩制，再次強調維護台灣主權及民主自由人權決心。坦然而言，台灣主權民主自由人權等維護，絕對不是單一政治人物或政黨的專利。或許政黨或政治人物比較熱心，提出的對策方案比較符合民意及現況。當然也許政黨或政治人物自我期許，自恃道德價值、理想等較與眾迴異，認知判斷主張優於其他人。可是一肩挑起，並批評別人不是，也要小心謹慎，否則自取其辱。例如民進黨部分人士口

口聲聲將台灣主權、民主自由，與民進黨劃上等號。一付捨我
其誰非我莫屬，忽略主權民主全民所有，正常狀況，大家想
法、理想、行動，沒有太多差別。

15 立委補選結果與國家政局發展

　　被視為2020年前哨戰的立委補選結果揭曉，在4席立委補選，國民黨1席，民進黨2席，金門縣由無黨籍人士當選。。此次選舉是去年九合一選舉的延續，民進黨是否止跌、國民黨保溫、韓流續燒，倍受矚目。民進黨維持新北市三重及台南市選區的席次，國民黨僅保住原有彰化縣選區。三個具有高度政黨競爭的選區，雙方票數差距不大。

　　此次選舉投票率高於一般平均不及三成的補選投票率，新北市三重投票率42.1%、台南市44.53%、彰化縣36.59%、金門縣21.21%。除了金門縣之外，其他均高出補選的平均投票率。尤其競爭激烈的台南市及新北市三重區，均高達四成以上，投票率的增加，以傳統是民進黨票源區而析，對於民進黨候選人有利。台南市民進黨候選人郭國文領先國民黨謝龍介約三千票，3.5%的差距。新北市民進黨的余天，領先國民黨的鄭世維約五千多票，5%上下。投票率的上升，表示動員投票及中間選民投票比較踴躍，以支持綠營為主的選區，有助民進黨候選人，不言而喻。

　　民進黨此次補選結果，成績不錯，有止跌效用。國民黨在兩個民進黨票區，攻勢猛銳，但仍失敗。此次補選，國民黨來勢洶洶，民進黨危機意識高漲，傾全力輔選，最後守住兩席。作為執政黨，應該珍惜得來不易的選民回饋，保握中央執政機會，作出有利於國家人民的公共政策。蔡英文總統表示爭了一口氣，但絕對不能鬆一口氣。民進黨中央表示沒有贏，只有止血而已，是守護台灣民主的勝利。均是相當得體的回應。欣慰之餘，使命責任更重，不負選民期待，

　　去年九合選舉失利，痛定思痛改革再出發，一百多日子，僅是些許成果，仍有太多事情，企待規劃執行。

　　此次立委補選的過程，相當特別，藍綠兩大政黨全力以赴，傾全黨人力、資源投入。政治大咖雲集，次數頻繁、介入甚深。民進黨蔡英文總統、蘇貞昌院長之外，陳水扁前總統也公開支持民進黨提名人。賴清德前院長連續十多天陪同參選人掃街拜票，原本比較冷清、局部的區域立委補選，這些現象相當罕見。選舉結果證明陳、賴兩人發揮關鍵性力量，自行參選的陳筱諭打著特赦阿扁，批評黨內派系打壓，加上台南民進黨內爭。民進黨棄保策略成功，過程相當戲劇性，費盡心思及力量，有驚無險過關。

　　國民黨也不惶多讓，黨主席、前總統、有意角逐總統的太陽們，積極投入，韓國瑜熱潮沒有消退。台南市謝龍介、新北市三重鄭世維，複製韓氏模式。前者在農業及號稱全台最綠選區，掀起風潮，最後功敗垂成。新北市三重選區，情況雷同，余天全國知度頗高，在該區當選過立委，贏了對手五千多票。國民黨去年九合一選坐享討厭民進黨的紅利，三個多月之後，

選民收回部分紅利。國民黨應有自知之明，箇中奧妙一清二楚，國民黨經過此次選舉衝盪，連在金門縣失利，彰化縣提名人柯呈枋只贏民進黨黃振彥四千多票，這兩席均是原國民黨籍立委高票當選縣長所留下。

去年11月24日，完全執政的民進黨遭到前所未有挫敗，民進黨誓言因應民意，徹底反省檢討，行政部門及黨務部門調整人事，欲接地氣，提出不少利多政策。選舉結果，民進黨尚告欣慰，但是未來總統大選及執政，仍然充滿挑戰，相信民進黨心知肚明。民進黨執政團隊在補選結果發表的公開聲明，均秉持謙虛、承擔更多責任，值得肯定。

區域立委補選，係局部性，不是全國性；投票率偏低，不似常態性選舉，選民應以政黨認同高、公民責任感濃厚、較易關係動員為主。因此選舉結果反映的民意，不及全國性常態立委選舉。可是此次立委補選的政治環境，選舉過程兩大政黨全力動員，代表性人物賣力支持，媒體報導盈庭，選舉訴求觸及國家認同及兩岸問題，將選舉的政治意義升高。此次選舉提及一國兩制、香港化、台灣主權等，未來總統大選，這些議題似不可免。如何有較完整論述，面對發大財、顧肚子等民生訴求，真正說明民進黨政府的原則、政策、執行方案，俾讓人民有感。包括因應韓流來襲，這些才是釜底抽薪之道，不是隨波逐流，或一些冷言冷語，否則傷害自己，更造就對方。

主要政黨的總統提名作業即將開展，距離總統大選不到十個月。此次立委補選結果，民進黨重拾信心之餘，更應該用心執政。記取去年選舉教訓,避免重踏覆轍,真正尊重文官專業,胸襟開放廣聽民意,務實處理包括兩岸、經濟、政府效能等攸關全民福祉問題。國民黨去年地方選舉獲勝,有些人認為遲早重返執政。黨內太陽角逐總統大位,迄今高潮迭起。此次選舉結果,對於國民黨當頭棒喝示警功能,黨內總統提名更加撲朔迷離,擁韓聲浪可能有增無減。國內未來政局發展,因為此次立委補選結果,有些微妙變化,但是政治發展主軸不可能因為局部性立委補選而巨大翻轉。國內未來政局發展,依然充滿變數,瞬息萬變的國際政治經濟環境,嚴峻的台海兩岸互動,諸如國內政治、經濟、社會、教育等問題,均仍考驗民進黨政府及主要在野黨國民黨。

16 首都外交的政治效應匪淺

　　台北市長柯文哲本月十六日啟程訪問美國紐約等四大城市，由於柯可能是2020年總統大選熱門人選，加上此行包括華盛頓，因此有不少政治聯想。本文僅探討首都外交的政治效應，柯市長此次華府之行的政治意涵，不予討論。

　　首都外交應是一般廣泛使用城市外交的相當特殊一環。城市外交眾所周知，某種規模構成城市，有固定治理機構及代表人。台灣稱為市的地方政府即有三種，台北市、高雄市等六都，基隆市、新竹市、嘉義市等同縣。宜蘭市、苗栗市、南投市等，縣級之下，人口超過十萬人。城市外交當然不侷限冠上市的地方政府，縣政府、甚至鄉鎮公所，亦是廣義的一部分。

　　城市外交的學理及實務，包括台灣均有諸多研析，至於首都外交，學理實務討論，相較之下，數量較少。理由不究自明，因為每個主權國家，首都只有一個。首都外交不侷限於各國首都之間互動，首都與其他國家非首都城市的互動（例如台北市對美國紐約市），首都參加的國際地方政府組織或非政府組織均是。首都涉外的活動當然視為廣泛的首都外交。

　　各國首都除了該國政治中心，十之八九也是經濟中心（美國華盛頓、澳洲坎培拉等係少數例外）。因此首都之間交流，層次十分廣泛，城市外交及交流，共同討論都市等共同面臨議題，司空見慣。首都外交亦然，首都與其他國家首都、城市交流及分享經驗。參與國際性地方政府組織或常態性會議，至於涉外活動更是不勝枚舉。

台灣國際地位特殊，正式外交遭到打壓，城市外交有彌補作用，因為政治敏感性較低，但是仍有政府官方性質。台北市是首都，首都外交的政治效應匪淺，不言而喻。台灣涉外活動，不少名稱冠上台北，奧委會的中華台北，駐非邦交國的台北經濟文化代表處等。因此，一般國家的首都外交功能之外，台北市有其更特別效應。

台北市參與一些國際地方政府組織，出席若干國際城市論壇（包括柯文哲市長上個月赴以色列出席市長會議）。與邦交國或非邦交國首都簽訂姊妹市，部分配合國家整體外交。以1997年為例，4月與當時仍維持正式邦交的塞內加爾、甘比亞、幾內亞比索三國首都簽訂姊妹市。11月與非邦交國玻利維亞首都拉巴斯簽訂姊妹市。隔年，當時陳水扁市長爭取主辦國際地方政府聯合會世界首都論壇。由於冠上首都兩字，中國傾全力抵制與打壓，最後有五十七個國家首都市長或代表參加，包括美國華府市長。

包括台灣，不少國家首都市長後來成為該國家元首，例如目前土耳其總統。首都外交必然以市長為主，另外的政治效應匪淺，尤其外交孤立的台灣。

17 立委補選的政治分析

　　3月16日四個縣市立法委員補選競爭激烈，主要政黨傾全力動員，媒體報導盈庭，成為全國矚目焦點。選舉熱烈程度為以往立委補選所罕見，究其原因，與去年11月24日九項地方公職選舉結果，民進黨遭到空前挫敗，韓國瑜所帶動的風潮，不但沒有消退，反而有增強趨勢有關。四席立委補選結果，立法院的朝野席次僅稍稍變化，民進黨仍然遙遙領先，對於未來立法院實際運作，影響微乎其微。但是此次立委補選過程及開票結果，具有高度的政治意義。

　　此次立法委員補選的過程與結果，政治意含相當濃厚，除了金門縣之外，三個補選區，兩大政黨傾全力輔選，大咖雲集，均有輸不起的壓力。台南選區一向被視為民進黨的鐵票區，競選開始一路下來，包括賴清德前院長均公開坦承，對手來勢洶洶，加上黨內有人自行參選，民進黨候選人危機重重。民進黨只剩下一口氣，民進黨如果敗選，中國大陸會更加強對台施壓等訴求，凸顯民進黨相關人士的高度危機意識。新北三重選區大致雷同，號稱民進黨北部的票倉之一，如果失利，對於陷入低谷的民進黨未來總統、立委大選，將是明顯的警惕。

　　號稱全台灣最綠汁的台南包括麻豆等選區，以前民進黨獲票大幅度超過國民黨。可是黃偉哲市長在2018年市長選舉的得票率，遠低於賴清德前院長在2014年市長選舉的得票率。連自己在2016年立法委員選舉的得票率也無法維持，還差距不小。2018年台南市長選舉兩位無黨籍人士異軍突起，囊括不少選票，這些選票不少本是民進黨的支持者。此次立委補選，民進黨內部矛盾，另一候選人另起爐灶自行參選。除了年輕訴求，家族擁有地方基礎，扯出初選不公，某一派系操作。內部的恩怨抬面化，票源瓜分，棄保戰略是否奏效，成為勝敗重要因素。

國民黨提名人具全國知名度，口才便給，打出延續韓國瑜模式，在農業選區，祭出貨出去大旗。加上韓國瑜鼎力相助，選舉過程掀起的熱潮，絕對無法低估。民進黨在2018年九合一地方選舉大挫敗之後，黨政人事調整，全黨誓言因應民意，徹底反省檢討。包括總統、行政部門、黨務部門，均調整腳步，改變形象，欲接地氣，提出不少利多政策。三個月之內，政黨形象是否改變，選民是否買單，包括台南市在內的立委補選結果，的確是種較新的民意。

包括立法委員的各種公職人員補選，投票率一向偏低，不及常規公職人員選舉的一半。台灣各項公職人員選舉的投票率，依其重要性、動員程度、選舉類別、是否合併投票等因素，有所差別。補選的投票率通常在三成左右，今年元月台北市及台中市立委補選即是。台北市立委補選，有柯文哲市長支持人選加入，型成三角督，選舉過程及結果，也頗受討論。但是投票率並未明顯上升，仍然出現補選常態，投票率三成左右，不及一般選舉動輒六、七成。此次競爭激烈的台南市、新北三重選區，投票率有可能升高，但幅度多少，或多或少影響選舉結果。

補選的投票行為頗值分析，因為參與補選的選民、參與一般選舉的選民，可能有一些差異性。例如政黨認同較高、公民責任感較濃厚、動員取向較高。美國有關期中選舉、總統大選、政黨初選等投票行為的異同研究不少。台灣一般選舉投票行為研究較多，補選投票行為研究甚少，因此兩者的差異比較也相當罕見。補選的時間較短、類型單純、區域不多、選舉熱度不高等因素，相關的投票行為研究屈指可數。

316立委補選結果，政治意義不言而喻，攸關未來政局走向。如果補選的投票行為有更翔實分析，對於選舉結果政治意義的解讀，助益更多。但是由此次選舉的政治環境，選舉過程兩大政黨全力動員，代表性人物賣力加持，選舉結果的意含，不言而喻。

18 副總統的角色與功能

　　國民黨副總統提名人王如玄軍宅案風雨未止，對於國民黨總統選舉可能雪上加霜。相形之下，民進黨副總統提名人陳建仁表現優異，為小英加持不少。副總統候選人在總統大選本來重要性不高，但是卻仍扮演不可低估的角色。如同副總統的法定職權有限，但重要性可能因人而異。

　　一般而言，實權總統制國家，才設置備位副總統，通常沒有多大法定職權，代理總統或繼任國家元首，但是不少任內未曾有此機會。因此具象徵意義的副總統，除了一些法定儀式，完全視總統如何授權而定。可是副總統係國家副元首，頗高的政治職位，又是備位國家元首，出任要件當然不低。以美國副總統為例，除了考慮總統大選策略，性別、成長地區等考量，被總統候選人拔擢的競選夥伴，十之八九也均是政治歷練豐富的人士，尤其是國會議員或州長，與總統提名人相似性甚高。

　　我國在總統民選前後，副總統的資歷也均十分亮眼，國民黨副總統幾乎均曾任行政院長。在政治升遷的程序，部長、院長、副總統似乎成為常態。民進黨在2000年總統大選，因為未曾在中央政府執政，未有此種型態，但是女性副總統創下紀

錄。此次陳建仁、王如玄也均曾是內閣閣員。國家元首為何有
類似思考，除了副總統位高，輔佐總統，聲望歷練不可或缺，
台灣現行政治體制，應是重要因素之一。

　　總統民選前後，台灣其實均是實權總統（嚴家淦總統例
外），行政院長卻形式上最高行政首長，掌握行政部門，向立
法院負責。總統沒有主持行政院會，卻要充份了解行政院動
態，總統身邊的副總統、祕書長十分重要，他（她）們如果有
行政院相關歷練，才能扮演好協助總統充份了解行政院動態的
角色。總統雖然直接任命行政院長，但是行政院長業務繁重，
不可能凡事報告請示，副總統在總統府上班，與總統常態互動
頻仍，交流管道密切。

　　國家安全會議，副總統是當然成員，目前國家安全會議仍
然有其功能，副總統有途徑了解國家政策。總統通常尊重副總
統專長及意願，總統府一些任務編組，由副總統主持。國民黨
主政偏向黨政合一，有時由正、副總統兼任正、副主席，副總
統除了政府業務，在黨務也不缺席。總統府每周五人小組會
議，黨主席、行政院長、立法院代表等，副總統也是成員。民
進黨、國民黨此次均提名無黨籍人士出任副總統候選人，也是
新的突破。

　　副總統除了任內繼任總統，透過正式選舉接班機率似乎不
高。但是仍不影響副總統的角色與功能，重要性不言而喻。因
此除了選舉策略，副總統候選人受到高度檢驗，理所當然。副
總統角色扮演如何捏緊，不能功高震主，自作主張令總統不

悅，也可適度發揮影響力，當事人之外，政治學者雖然興趣不
高，偶爾仍可探討。

19　在野黨與公共政策擬定

　　蔡英文在總統大選一路領先，明年順利組成政府，已是八九不離十。台灣已經兩次政黨輪替，政權移交不是問題，交替成本多寡，與政府無縫接軌相關，而政府無縫接軌又與可能接掌政府的在野黨公共政策擬定的準備程序密不可分。蔡在2012年總統大選提出十年政綱，此次大選更是有備而來，提出更多具體的公共政策。

　　民主進步國家，主要政黨均有具體政策主張，在朝在野角色有別，但是影子政府運作，主要在野政黨公共政策擬定，不可或缺。但是在野黨在公共政策擬定的動機與趨力，遠遠低於執政黨。因為何時化為具體政策不得而知，不少政策資料由政府部門掌握，在野黨必須花費更多心力搜尋研析。人民是否重視主要政黨的政策差異，政黨負責人的意志與決心，成為重要的因素。

　　選舉期間與非選舉期間，主要政黨的政策主張，受到正視的程度必有差別，愈接近投票時間，政黨可能輪替，人民正視的程度提升。但是公共政策的擬定，非一朝一夕，必須長期累積。公共政策的擬定，除了民意掌握，學者專家的諮詢，基本的幕僚，均是必要條件。執政黨主持政府，有先天優勢，在野黨只能自力更生，以及志同道合的專業人士無償付出。

　　台灣的政治文化，人民重視主要政黨政策主張的程度不高，政策討論也非多數政治人物的興趣。蔡英文近七年的表現，稍稍改變了此種政治文化，蔡及身邊團隊花了不少心力討論擬定各種公共政策。選情的優勢，這些擬定的公共政策有更多機會成為未來政府的具體政策。

　　公共政策的規劃、制定，除了涉及立法部門，以行政部門為主體。行政部門又以常任文官為主，執政黨的公共政策主張，通常透過指派的政務官領導常任文官，共同規劃執行。常任文官具備專業，又掌握充份資訊，在野黨取得執政之後，政策主張能否順利化為具體政策，對於常任文官的信任，政策主張的可行性等，扮演成敗因素。

　　在野黨的政策主張，除了取得執政之外，透過立法部門的政黨協商、向人民說明爭取支持等，也是途徑。政權更迭必須經過一段時間，上述途徑則隨時進行，台灣欲邁向更成熟穩定的民主政治，主要政黨的公共政策擬定能力的強化，重要性不言而喻。國民黨有長期執政經驗，明年如果成為主要在野黨，應該樹立此種模式。

　　公共政策議題包羅萬象，主要政黨涉入的範圍廣泛，其他在野黨也可在特定議題，展現公共政策擬定能力。民主國家，政黨的政策主張，值得人民正視，鼓勵主要在野黨提升公共政策擬定。

20　新國會的舊課題

　　明年2月1日組成的立法院，十之八九是名實相符的新國會，國民黨不再擁有半數以上席次，民進黨或泛綠成為立法院多數。新國會一些舊課題，例如國會議長中立、國會調查權及聽證權、政黨協商機制等，面對新國會及新民意，更值得省思。

　　有關國會改革課題，國民、民進兩大政黨均大聲疾呼，第三勢力更打著改革國會旗幟鮮明。明年即可能出現蔡英文政府及泛綠或民進黨超過立法院半數的前所未有的政治局面。國民黨總統及國民黨超過立法院半數，本是稀鬆平常，但是國民黨特殊政黨屬性，與民進黨大異其趣，因此明年國內政治新貌，包括立法院的運作，均是嶄新的課題。

　　國會的運作本來就是非局部性、封閉性的，與外部的民意、政治環境等密不可分，也與行政部門、政黨環環相扣。民進黨在2000-2008年主政，由於國民黨等泛藍政黨在立法院超過半數，行政部門不少政策無法推動。民進黨籍立法委員角色十分微妙，既是執政黨籍國會議員，卻在國會無法得心應手。當時的行政部門、黨中央、立法院黨團一直尋找較佳的互動模式，但是現實使然，迫切性打了折扣。

　　國民黨一向以黨領政，行政部門又掌握黨中央，典型的外造政黨。可是隨著黨籍立委影響力提高，強人領袖的式微，2008年重新執政，馬英九也無法支配黨籍立委，透過黨政協調機制，仍然問題叢生。黨籍立委不被尊重，黨中央及行政部門卻力不從心，不少政策朝令夕改。總統所領導的行政部門與國會多數的黨籍國會議員，居中協調的黨中央，如何形成有效決策機制，國民黨近八年，顯然不周全。

國會議長的中立性，國會政黨協商制度，甚至國會是否有完整的調查權及聽證權，均不宜單純由國會角度思考。國會議長主持議事本來就要中立，但是否完全超越黨籍，沒有定論。國會議長除了主持正式會議，國會政黨協商機制的不同，也攸關國會議長中立問題。國會政黨協商機制也沒有標準模式，是否由國會議長主持，在常設委員會或院會階段協商，國會議長角色有別。

國會是否有完整調查權及聽證權，涉及人民權益及行政部門、立法部門的職權分際。完整的調查權衍生的強制聽證制度，也仁智互見，人言言殊。未來新國會組成，欲探討此課題，務必集思廣益。

國會主要政黨先有周全政策形成機制，才有較佳的政黨協商效益。民進黨如果明年完全執政，馬上面對行政部門與黨籍立法委員如何整合政策，與國民黨、立法院其他政黨如何互動等課題。任何互動模式、形成機制，與時俱移，充滿變動性，但是也可事前規劃準備，付出代價較低。

21 政黨與社會運動團體

　　民進黨不分區立委提名，前八名均是社會運動團體人士，各界評價不低。民進黨有意納入各式各樣社運團體聲音，擴大政黨基礎，值得肯定。政黨與社會運動團體如何互動整合，倍受討論。

　　政黨被視為巨型團體，以取得執政實現政見為目標。包括婦女、環保、消費者保護、勞工、農民、原住民、少數民族、學生、社會福利等社會運動團體，以團體有限力量，號召社會大眾支持，透過各種途徑，嘗試影響政府部門，與政黨互動，不言而喻。

　　社會運動團體通常訴求主題單一化，凝聚相關成員意見，爭取社會大眾支持，與既定政黨保持若離若合。台灣早期國民黨威權統治，掌控各種社會勢力，自主性社會運動無法澎湃。隨著民主政治發展，人民有更多集會結社自由，社會運動此起彼落。社會運動團體與民進黨雖然一度互動甚佳，攜手合作共同向國民黨政府爭取較多的人權、公益。民進黨在2000年成為執政黨，執政者角色與社會運動有必然結構矛盾，彼此之間產生微妙變化。

　　2008年國民黨重返主政，恢復一黨獨大，國民黨傾向保守既存體制，與要求社會正義、追求社會平等的社會運動團體長期格格不入。社會運動團體一方面單獨茁長，另一方面給合在野的民進黨，採取包括抗議、說服大眾、影響立法等方式，分進合擊。台灣的多元化、民主化、自由化，社會運動團體已經不可能成為另一主要政黨的外圍，前者有更多選擇，決定如何與主要政黨互動。

　　政黨、社會運動團體，在政治社會層次，本來大異其趣，前者範疇較大，政治性濃厚，後者社會性較多，範疇較小。但是公民社會、網路時代，改變一些型態，社會運動有時風起雲湧，凌駕政黨之上，去年白色力量、柯文哲現象即是顯例。歐洲若干民主國家，綠黨等社會運動團體自組政黨參政，在全國性政治，影響力有式微趨勢，但是在地區性政治仍不可低估。各式各樣社會運動團體共同結盟，超越既存主要政黨，在政黨認同逐漸低落時代，值得探討。

　　社會運動訴求單一主題，主要政黨、政府的政策制定，則需多元考慮，難免有扞格之處。但是自發性社會運動不少超越成員利益考量，針對訴求主題有完整論述，對於政黨、政府有不少參酌價值。政黨主動向社會運動團體拔擢人力，吸取意見，係十分良性的作法。有實力執政的政黨尊重社會運動團體自主茁壯，又能樹立管道，納入政策制定，已是必要措施。

　　社會變遷衍生社會問題，社會運動不可或缺。社會運動團體為了達成長期、中期、短期等目標，如何與政府、政黨等互動，考驗社會運動團體的智慧。

22　自由民主與民族主義

馬習會的召開有其象徵意義及各自政治盤算，馬習會的實際內容，包括雙方公開致辭、事後記者會，以及陸委會公布一小時會議馬的談話內容，張志軍轉述習近平談話及在新華社撰文。綜合上述已經揭露的資訊，一些國人批評馬英九表現欠佳，不言可喻。

六十六年首次兩岸領導人，政治意義不凡，降低對峙務實交流，國內外人士泰半持肯定態度。但是中國大陸對於一個中國的堅持，反對台灣獨立，將九二共識定位為一個中國，訴求民族主義，強調兩岸從未分裂，同屬一個國家。對於台灣的國際空間、大陸部署飛彈等預讓程度微之又微。

馬英九在公開致辭未提及一中各表，記者會才澄清在正式會議提及，引起爭議。未能訴說台灣人民主流價格民主自由，反而隨著習近平中華民族的主軸，表明兩岸人民同屬中華民族，都是炎黃子孫，應互助合作，致力振興中華。

馬習會之後，台灣是否陷入一中框架，尚言之過早，因為馬任期剩下不長，兩個月之後即將舉行總統及立法委員選舉。在新民意及國家元首、國會議員，明顯傾向自由民主，以維持台灣現狀，不受到中國民族主義影響。亦即在自由民主與民族主義之間，強化前者，淡化後者。

習近平領導的中國大陸，國家力量逐漸擴大，權力日愈鞏固，近年來祭出民族主義大旗，對於台灣強調兩岸是一家人。台灣人民除了了解中國大陸對於台灣不可低估的影響力，包括經濟、軍事等，隨著時光消逝，中華民族主義的情結淡然，尤其六十歲以下的中年、青年。

台灣近百年歷史，1949年隨著國民黨政府來台的所謂大陸籍人士，部分中華民族主義高昂，但是國共對峙，中國共產黨大打民族主義，即使大陸籍第一代，有些以自由中國、反對共產主義。類似馬英九大陸籍第二代具有強烈中華民族主義，已不多見。國民黨政府早期也強化民族主義教育，五十歲以上記憶猶新，但是非大陸籍（包括廣義本省籍）民族主義甚微。受過日本統治的長者，沒有民族主義認同危機已經十分慶幸。

五十歲以下的台灣人民，成長於逐漸自由民主的環境，二十多年台灣民主政治，四十歲以下的民眾，自由民主習以為常，應是生活一部分。大家珍惜民主自由，與中國大陸日愈隔離因素之一，中國大陸迄今仍然一黨專政，並非民主自由體制。加上台灣四百年歷史，外來統治，人民無法決定自己命運，中國大陸台灣實力懸殊，人口、土地等差異太大，愈來愈多台灣人民期望維持民主自由現狀，歷次民調顯示一目了然。

自由民主與民族主義雖然不一定涇渭分明，水火不容。揆之政治史，民族主義常是執政者工具，要求人民為了民族大義犧牲小我，不少為了自己非民主體制合理化，打擊人民自由民主。若干人民夾雜自由民主與民族主義之間，有的因為民族主義而倡議放棄自由民主。近兩百年人類發展，包括1920年代中國大陸，均曾出現論辯或活生生事實。台灣在1970保釣運動，大學生也有民主自由與民族主義論戰，民主自由居於上風。四十多年情勢變遷，台灣更加民主自由，中華民族主義更加式微。

　　馬或許有強烈中華民族主義傾向，但是身為全體台灣人民選舉產生的國家元首，應當以台灣人民追求維護民主自由為優先，不能介入個人主觀偏好。面對中國大陸祭出中華民族主義，台灣更應謹慎因應，尊重人民民主自由的核心價值。

23　總統大選與公共政策制定

　　國民黨總統候選人易人之後，為了鞏固票源，仍在國家認同的議題打轉。朱立倫宣稱即將提出具體政見，國民黨長期執政，又有智庫，提出政見白皮書，並不困難。被稱為看守內閣的毛內閣，也透過行政院發言人以沈默艦隊堅定航向理想為題，列舉毛內閣近十個月的一些政策。

　　相形之下，對於公共政策相當重視的蔡英文，陸續提出具體政策，包括政治五大改革、社會五大議題，三大產業五大產業聚落。文化、原住民、客家、新南向外交、維持現狀兩岸等政策。散見歷次記者會及網站的政策，有必要綜合整理，俾利人民、媒體等採集。

　　總統大選與公共政策制定本來密不可分，任何重要選舉，選民不論政黨、政見、候選人等投票取向，其實均與公共政策息息相關。政黨與公共政策制定不言自明，候選人的良否，及其領導的團隊，也影響公共政策品質。可是台灣國家認同爭議，左右重要選舉，公共政策反而未被正視。公共政策涉及不低專業性，一般人民除了與個人利益攸關的政策，甚少投入太多時間心力於其他公共政策。

　　作為負責任的政黨及候選人，必須針對重大公共政策，提出具體見解，並且相互辯論，爭取選民支持。輿論應該多花些心思，分析、討論公共政策，專業人士評論各政黨、候選人所提出公共政策的良否、可行性。總統選舉具有多重政治意義，提升人民的政治知識、問政能力，不可或缺。

候選人如何完整詮釋治國理念，針對國家所處環境條件，提出願景、目標、策略，未來執政的政策優先順序，欲達成哪些具體績效。公共政策除了宣示政治理念，在於可行性及由誰主導規劃、執行。台灣近十六年，公共政策制定最大缺失，應是行政部門重要部會首長更迭太快。堅持理念抱負的政務首長，領導常任文官，善用社會各界智慧資源，制定及執行公共政策，係不二法門。

人云亦云的政治常識及政治信仰的爭議，耗費太多國人精力及媒體網站版面。各行各業盡其本份，公民欲參與政治，可以優先在本業有關的公共政策領域。以往公共政策的研析，由常任文官、少數學者專家為主體，其實人人有責，社會團體、相關企業、大學智庫更責無旁貸。政黨、候選人、執政團隊，提供平台，汲取眾人智慧。

總統大選本來就是檢驗執政黨的公共政策規劃及執行成效，也是考驗有可能執政的在野黨公共政策的規劃執行能力。不少公共政策超越黨派意識，有其連續性，無縫接軌。民主成熟國家，政黨輪替執政，無損公共政策品質，其必要條件即是人民、政黨、常任文官、專業人士，共同參與公共政策制定。

24　主權在民的真諦

　　蔡英文為了回應朱立倫，在全國競選總部成立大會提及，
民進黨不等於台灣，國民黨也不等於中華民國，如果台灣在我
們這一代人的手上失去了決定自己未來的權利，如果中華民國
在我們這一群人的手上失去了民主自由的生活方式，那即使這
兩個黨都被掃進歷史的灰燼，台灣人也不會覺得可惜，這才是
真正的民主。

　　的確台灣若失去決定自己未來的權利、失去民主自由的生
活方式，兩黨成歷史灰燼，不但不足惜，而且應是歷史罪人。
台灣人民如果不幸失去決定未來的權利、民主自由的生活方
式，最有可能狀況當然是中國大陸統一台灣。在可見的未來一
段時期，除非中國大陸武力奪取台灣，否則中國大陸不可能統
一台灣。

　　再者仔細思考台灣人民是否已有完全決定自己未來的權
利？台灣尚未有決定台灣前途的公民投票法。秉持人民自決原
理，是否制定法律，尚是次要問題，國際環境及國內狀況，仍
缺乏台灣人民行使決定台灣前途的要件。美國、中國大陸等外
部因素，台灣內部國家認同歧異，加上內外因素交錯，其實台
灣人民尚未有完全決定自己未來的權利。但是台灣現況是民主

自由的政治體制，具備人民、領土、主權、政府，雖然正式外交不足，仍然是完整的主權獨立國家。

台灣民主自由的生活方式，得來不易，總統直接民選、國會定期改選，才正式奠定，迄今僅有二十年。除了重要政府公職的定期選舉，法治、司法獨立、地方自治、基本人權保障等也不可或缺，台灣仍然逐漸充實。民主的政治文化、理性的人民、成熟穩重的政治人物，猶待加強。2008年馬政府上台，台灣人民的民主自由一度逆退，在全民努力之下，逐次恢復。

除了中國大陸等外在因素，台灣人民民主自由的生活方式是否可能失去？馬政府在人民強烈抗爭、民主政治體制已經樹立、民主政治文化成型，也不敢過度違逆。長期爭取民主人權的民進黨，2000-2008年執政期間，推動民主政治有目共睹。明年如果政黨輪替，蔡英文政府應會致力維護台灣人民的民主自由。但是維護民主自由不能僅依賴政府，民間力量才是主要基礎。

二十年前透過總統直接民選，除了建立民主體制，更具有主權國家的意含。雖然未完全決定自己未來的權利，但是透過總統直接選舉，向國際社會、中國大陸表達信息，也督促政府領導人自我約束，或多或少決定自己未來。

政黨只是政治過程的一環，秉持主權在民的真諦，透過總統、國會議員等重要選舉，維護民主自由的生活方式，擴大決定自己未來的權利。台灣人民民主自由的生活方式與決定自己

未來的權利密不可分。前者國人可以完全操之在我,更宜珍惜
行使,後者雖有一些外部因素,但是仍可好自為之。

25 用對人，擺對位置

　　波卡風波，因為當事人辭職，可能告一段落，可是柯文哲市長付出不低代價。政治人物如何用對人擺對位置，本來是基本常識，可是能夠知人善任，帶領團隊發揮潛力，仍須歷練與胸襟。

　　以台灣政治體制而析，民選首長或非民選政務首長，能夠直接任用的人士約有三類：政務官、常任文官、機要幕僚。民選總統、直轄市長，有權任用政務官，這些政務首長等於民選總統、市長的分身，一言一行均可能影響長官。通常政務官來源包括學者專家、高級文官、民意代表、企業家等。這些人十之八九社會歷練豐富，有一定水平的專業能力，可以領導所屬，制定及執行政策，為長官分憂解決問題。

　　台灣的政治任命職位不多，堪當大任的民選總統、市長，一定要責成任命的政務官，挑選優良常任文官，共同推動政務。沒有優秀常任文官輔佐，政務官無能為力，主動積極的政務官，不必長官交待囑咐，自然而然精挑細選優秀常任文官。政務官的重要性不言而喻，如果不會用人唯才，受到常任文官杯葛，甚難有好的政績，達到長官交付的任務。

　　民選總統、市長，均選舉產生，競選幹部不乏優秀年輕人才，不少加入政府擔任機要幕僚。這些沒有文官任用資格，社會歷練不深，尚無法獨當一面，出任政務官。留在首長身邊或推薦給政務官擔任機要，角色扮演十分重要。保握難得在行政部門的機會，虛心學習廣結善緣，做好政務官與常任文官溝通橋樑。反之，機要幕僚趾高氣揚，狐假虎威，極易成事不足敗事有餘。

著名企業管理學者柯林斯在A到A+書中，說明用對人、擺對位置的重要性。用對人即是深奧的領導力，政治人物的歷練與胸襟，決定用人模式。除非胸襟相當寬闊，否則政治人物甚少任用綜合能力凌駕於上者出任要職。現代分工社會，民選政治人物尊重各領域專業，邀請專業人士協助治理，理所當然。但是成功政務官不僅專業能力，政治行政能力不可或缺。中央政府的重要部會首長，務必具備高度綜合能力，過去多年，行政部門效率大打折扣，與政務官良莠不齊息息相關。

用對人，更需要擺對位置，例如一流政策分析人才，尚乏充分歷練，只適合充任政策幕僚，並不適宜擔任部門首長。專長不同，擺錯位置，不但沒有輔佐作用，反而為長官添增困擾。政治歷練非一朝一夕，政治素人出身的民選首長更需要用對人擺對位置，有賴重要團隊（政務官、常任文官、機要幕僚）協助。

政務官的任用，有時候必須政治性等考量，例如政黨、性別、族群等。但是這些考量不影響民選首長用對人、擺對位置的基本原則。地方政府、總統制國家，通常更沒有太多政治

性等考慮，政治人物更應謹慎小心，並以寬闊心胸用對人擺對
位置。

26　政治酬庸現象何時休？

　　國民黨2020年總統候選人揭曉。由蔡英文、韓國瑜代表兩大政黨角逐總統大位。柯文哲參選機率不低，三角督或兩大政黨對峙，除了影響選舉的結果，對於國家未來發展，公共政策品質，政治文化的提升等，也值得國人省思。

　　國民黨與民進黨早期在國家定位、民主政治、政府角色、兩岸政策、經濟發展（尤其分配及社會福利），均有大異其趣的主張。可是經由兩黨完全執政的政策取向，除了形式的護衛中華民國，對於中國大陸的態度及因應措施等稍有差異。軍公教年金改革、能源政策、同婚議題、開放日本核災區食品、是否過度親美等，略微不同。其他不少遭人詬病的缺失，兩黨幾乎雷同。

　　政治酬庸現象，即是兩黨執政，遭人詬病之一。政治酬庸或政治分贓勢不可免，應是程度之別。國會的肉桶立法，政黨、派系的分贓（包括政治職位、金錢等）不勝枚舉。但是愈民主先進國家，政治分贓的現象，日愈減少，不但違法亂紀者繩之以法。也釜底抽薪，使政治分贓機率降至最低。心懷不軌者無機可乘，或必須付出昂貴的代價。

　　政府的結構與政治酬庸密不可分。純以政府部門而析，政治任命官員愈多，政治酬庸機率相形提高。部分政治任命官員有資格要件，例如考試委員、監察委員等。有時候也限制同一黨或性別，不得超過一定比例，間接限制政治酬庸。

政治任命官員位高權重，尤其獨任制的行政首長、副首長。一般而言有固定拔擢模式，也有嚴格淘汰機制，因而政治酬庸情形應該尚可接受。蔡英文政府支持度偏低原因之一，識人不明用人不當，政治任命官員爭議不休。例如敗選人士組閣，原高雄市政府官員大批入閣。一些獨立行政機構，任用的政務人員，政黨色彩或個人政治好惡鮮明。

國內政治酬庸最主要元兇，乃是公營企業林立，加上子公司，甚至孫公司。與民間共同投資卻有主導權的準公營企業。中油、台電、台糖、台銀、中華郵政等完全的公營企業。中華電信、兆豐銀行、中華航空等，形式非官股占二分之一，但是人事權、經營權，仍然政府掌控。蔡英文政府成立之後，水利會改為公立部門，一些三級機關首長，改為政治任用。在野黨大力抨擊，不言而喻。

公營企業林立，除了黨國威權的遺緒，改革需要一段時間，但是迄今包括民進黨、國民黨未有具體方案、時間表。比較國外若干實例，英國柴契爾夫人、美國雷根總統，均是以公營企業民營化為主軸進行政府改革。目前的巴西、以及一些東歐民主轉型國家亦然。

另一政治酬庸的制度因素，國內政府出資設立的財團法人、行政法人、基金會等，比例之高，令人痛心。美其名彈性

用人，財務靈活運用，背後的黑箱，經年累月，甚至被少數人
淪為己有。董事長、董事，十之八九政治官派，成為退休官員
的天堂。中央政府，將近數千人政治指派工作，莫此為甚。兩
大政黨，政治包袱，相關改革幾乎歸零，甚至變本加厲，有增
無減。

　　民智已開，選民有權針對此課題，要求主要政黨、總統候
選人，提出解決方案。

27　國人應超越二元思維

　　國民黨總統候選人正式出爐，立即有些人將2020年總統大選定調為親中VS保台。類似此種刻意扭曲的二元思維，屢見不鮮層出不窮。例如國家安全與人權保障，兩岸互動與經濟發展，庶民經濟與民主政治，台美關係與中美互動。由於歷史、地理等錯綜複雜因素，不少問題，無法過度簡化，用二元思維，輕言妄下結論，提出解決方案，可能治絲益棼。

　　國內統獨爭議，親美友中，親中保台，均是陷入此種迷思。甚至一些公共政策議題，例如環境保護與經濟成長，兩性同婚與家庭價值，核能發電與再生能源等。不同價值信念，堅持己見互不相讓，自忖代表真理，指責對方不是。其實正、反、合，邏輯推理之外，現實狀況或多或少如斯進展。除了社會哲理之外，累積三、四百年的社會科學，透過描述、解釋、預測，找尋通則定律理論，十之八九證實二元思維的繆誤。

　　十二國教強調開放思維，培養下一代學子理性思辨。任何民主開放國家，教育理念均是如此。只是僅依賴學校教育，仍有不足之處，為人父母以身作則，大眾媒體責無旁貸。也許風俗厚薄繫乎一二人所向的時代已經消逝，但是政治人物的行為舉止，示範效果不可低估，意見領袖亦然。謹言慎行，或許不必作為表率，但是避免不良示範。如果只是為了政黨、團體利益，或個人信念價值，對於國家大事，輕言妄下二元式結論，後果不堪設想。

　　台灣面臨國際環境，在美國中國兩大強權對峙之下，本來就需要高度理性智慧。台灣中國大陸的歷史文化，現實多元互動，外交政策、大陸政策攸關全民福祉，有良知的決策者、政黨、政治人物，唯有開誠布公集思廣益。一付我就是真理，鄙視其他主張，令人不以為然。其他政治經濟社會議題，性質大同小異，一般芸芸眾生，不能強人所難，居廟堂之上，或學有專精的人士，務必自我期許，國人也宜課予責任。

　　社會科學欲找到普遍定律，放之四海皆準的一般理論，少之又少。但是概率通則、準定律、類似理論，則不勝枚舉，尤其經濟學。政治學或許科學精準度略遜經濟學，但是也有不少卓越學者，提出比較政治、國際政治，令人矚目的理論通則。國內人民通常將自然科學、生命科學與科學劃為等號。人文社會科學，除了經濟學之外，甚少被視為科學。其實民意調查是高度科學，被過度使用，失去信度效度。民主政治，每個人均有權針對政治議題發表高論，法律提供選舉權、公民投票權。所謂學者專家相對而言，影響力式微。理性思辨，尊重不同意見，超越二元思維，人人有責，國家進步的根源。政治人物、大眾媒體、意見領袖，更是義無反顧。

28 政治與行政能力

　　宋楚瑜宣布參選2016年總統大選，民調支持度維持二成左右。除了國民黨提名人洪秀柱條件不佳之外，宋的政治與行政能力應是重要因素。宋在戒嚴時期即歷任要職，尤其在文宣部門。中央黨部祕書長、台灣省主席、唯一民選省長。政治與行政歷練及能力，在三位總統候選人之中，頗受正視。

　　可是宋省長功過，仁智互見，又是將近二十年前的往事，四十歲以下的選民，根本沒有印象。2000年年總統大選，一些選民已經給了宋應有回報。往後三次總統、副總統、台北市長等選舉，宋每況愈下。宋以七十四歲高齡，十六年歷久不衰，甚至有回升跡象。究其原因，宋無役不與，迄今針對國家大事侃侃而談，不論其政治立場，條理清晰，充分顯現政治與行政能力。洪秀柱未曾任職行政部門，談吐舉止，自然流露不足之處。馬英九執政失當，藍營A咖踟躕不前，更凸顯宋在藍營支持者的地位。

　　包括國家元首、行政首長等政治人物，起碼的政治與行政能力，不可或缺，否則無法勝任。台灣政治發展現狀，總統的角色要求升高，一定要有甚高的政治與行政能力，才能符合國家需求、人民期待。政治能力與行政能力，部分雷同，也有若干相異之處。政治人物位居要津，尤其國家元首，面對國內外政治經濟社會環境，國際視野、專業素養、理性魄力等，決定國家發展願景、方向、策略等。愈來愈多事實證明，國家最高行政首長的果斷能力，攸關國家重大政策及國家競爭力。近年來，美國歐巴馬總統、德國梅克爾總理、日本安倍首相等均是明證。

　　政治能力包括治理國家的能力及與國內各主要政治力量（國會、政黨、媒體、團體、人民）互動溝通能力。坦然而言，欲完全兼具的政治人物鳳毛麟角。學者出身政治人物擅長前者，十之八九缺乏後者才能。民選出身的政治人物則恰好相反。台灣又非內閣制，此種現象更為明顯。蔡英文翻轉民進黨政治人物特色，前者能力受到矚目。近幾年的歷練，後者能力進步不少。宋的省長形塑，刻意突顯兩者兼具，但是省政府與中央政府大異其趣，不能相提並論。

　　政治能力除了後天努力學習，個人先天特性，也息息相關。因此達到行政首長、國家元首水平，表現稱職者，屈指可數。治理國家的能力仍是優先考慮，用對人，擺對位置，真誠溝通，善解人意，仍可與各主要政治力量良好互動溝通。民主政治選舉過程，自然而然孕育政治人物的溝通能力。治理國家的能力則非一朝一夕培養，政治歷練、個人慧根等，並非人人均有。

　　如何帶領行政部門、領導常任文官，具備行政管理能力，國家元首及其任用的重要政務首長，均須如此。行政能力部分學習而來，也有一些與個人性格相關。國內部分學者從政、民選政治人物，行政能力始終不佳。對於文官先入為主，公共政策專業性缺乏興趣及認識、缺乏領導天份等，均是主因。行政能力表現在各種問題解決，公共政策的制定、執行、考核。

選舉國家元首，候選人的政治與行政能力，倍受正視。個人長期的累積，領導團隊的輔助加持，選民必有智慧地選擇。

29　政治權力運作的制度化

　　監察院以輕蔑體制，首開地方自治史官員集體不進議會惡例，彈劾台南市長賴清德，其中提及賴市長的民調非常高，但聖人無法治國，我們要的是制度。賴是否聖人，不得而知，兩位調查監委均是政治學教授出身，特別引用制度的重要性，或許有感而發。包括賴本人抨擊監察院無權介入，又是另種制度之爭，我國特別的監察權設置，見仁見智，但是與基本政治權力運作的制度化，關聯性不高。

　　對於政治理論及政治運作稍有涉獵者均了解，民主政治的本質即是秉持民主原則將政治權力運作的制度化。政治權力在一國之內，可區分為基本人權及政府統治權。兩者之間的範圍、分際，由人民或人民代表在憲法、憲政慣例、法律等加以規定。一些基本人權神聖不可侵犯，例如自由權、平等權、參政權、受益權等。但是為了不侵犯他人權益，促進國家、社會等公共利益，可以依法約束部分人民權力。為了執行公共權力，設置各級政府，秉持權力分治原則，行政、立法、司法三權分立。政府統治權源自人民授予，在憲法及政府組織法等明文規範。

　　司法獨立，不介入政爭，行政、立法分治相互制衡，中央政府及地方政府職權區分。民主政治經過兩百多年演變，大致在此種架構之中。台灣民主化二十多年，國會全面改選，總統直接民選，地方自治權擴大，人民基本人權更加保障。目前雖然仍有直接民權、公民投票擴大實施、降低罷免權門檻、憲法修改中央政府體制，增列人民受益權等課題。但是行政、立法兩權的互動模式及法律規範，並沒有太多爭議。內閣制、總統制、半總統制等，行政、立法兩者互動規範，或有差別，但是相互制衡，由人民授予的原則相同。民主國家地方政府的議會制、首長制、經理制等，亦然。

政治權力運作的制度化，係民主政治的成就之一，也是實施民主政治的充分要件。有了民主制度，如果沒有民主政治文化，政治菁英及一般大眾的民主素養，民主政治仍然問題叢生，台灣目前現象即是顯例。好不容易樹立的民主制度，不予遵守，禍害無窮，更遑論符合政治發展、政治穩定的民主政治。主要政黨、政治人物務必以身作則，共同努力形塑民主典範，反其道而行，令人痛心。擁有實際政府統治權者，包括行政首長及民意代表，責無旁貸。全國人民更須自覺，民主政治有賴大家努力維護及成熟。

人民定期選舉行政首長、民意代表，立法部門代表人民監督行政部門，預算審查、法令制定、重大議案決定等。民選首長是否須向民意機構報告備詢，一切依法運作。賴市長的舉止，自可公評，從民主政治的權力運作判斷，一清二楚。地方政府行政、立法部門爭議，除了當事者依法處理，中央政府依法仍可介入，尤其是行政部門。訴諸司法機關也是解決之道。
由監察院彈劾，比較唐突，引發政治聯想。

　　台灣民主政治得來不易，政治權力運作不少已是制度化，
而且符合法治原則，主要政治人物不宜輕言逾越。

30　行政權與立法權的互動型態

　　監察院通過彈劾台南市長賴清德，理由包括首開地方自治史官員集體不進議會惡例，輕蔑體制。課綱爭議，立法院作成教育部立即啟動課綱檢討，本學年度教科書，各校自由選擇。這兩案均攸關行政權與立法權的互動，值得研析。

　　行政權與立法權係國家統治權的兩大支柱，司法權獨立行使，超越黨派，不介入政爭。國內監察、考試兩院其實是立法權、行政權的一部分。政治權力區分為基本人權及政府統治權，兩者的分際、範圍，由人民或人民代表，在憲法、法律加以規定。基本人權與生俱來，神聖不可侵犯。包括自由權、平等權、參政權、受益權（社會權）等。唯有侵犯他人權益，促進國家社會等公共利益等，才能依法限制人民基本權力。

　　政府統治權被視為必要的惡，有限政府論，自由主義十分流行。但是期待政府發揮效能，重新分配調整資源利益的呼聲，始終不低。政府的功能在於保障人民安全、促進公共利益等。自由市場失靈，擔負更多責任義務。為了防止政府統治權過度集中，形成腐化現象，分而治之相互制衡，成為民主政治的政府基本設計。中央政府、地方政府的職權區分，各級政府行政、立法各自運作，相互制衡。

　　民主政治乃是民意政治，人民定期選舉民意代表及行政首長，行使立法權及行政權。公民投票、罷免權等直接民治，高唱入雲的開放政府全民參與，均是彌補代議政治的缺失，在科技網路時代，可行性增加。政府統治權來自人民同意、授權，憲法、各級政府組織法，明定政府機構的職掌權責。立法部門的法律制定權等於代表人民決定行政部門的權責。預算審查權則決定行政部門的收支，巧婦難為無米之炊，財政為一切根本，代議政治與預算審查密不可分。

　　總統制、半總統制、內閣制，行政權、立法權的相互運作，大相逕庭。內閣制行政及立法合一，國會多數黨組成內閣，總統制則可能行政、立法分由不同政黨掌控。若干國家，邦層級地方政府也有採行類似內閣制設計。地方政府著重功能性，政治色彩偏低，政黨運作較少，市經理制、市長輪值制等，比較常見。這些不同設計，行政、立法部門及職權互動型態稍有差別。但是人民授權、相互制衡的理念及原則，大致雷同。

　　立法權除了前述預算審查、法令制定，重大議案決定，質詢權等，用人同意、法律層次的條約，戰爭、媾和、戒嚴、緊急命令等攸關國家安全、人民重大權益的決策，均需由立法部門同意。委任立法、空白立法，行政部門裁量權等，民主政治逐漸成熟，已有一套互動模式。當然兩者衝突迭起，尤其非內閣制國家。美國總統自行頒布行政協定替代條約，動用武裝部隊未正式宣戰等。立法、行政意見不同，解決機制十分必要。

內閣制的解散國會、行使對內閣不信任，總統制的否決權。我
國憲法規定，有不足之處，容易造成行政、立法僵局，影響政
府功能。政治文化、政治菁英的行為舉止，人民的政治素養
等，攸關行政、立法的互動型態。

31　健全國安系統攸關民主政治良窳

　　總統特勤人員利用專機出訪，偷渡香菸將近一萬包。真相如何，當然要釜底抽薪追究責任。個人行為，抑團體舞弊，國安局、總統府侍衛室之外，中華航空是否有人員涉入。報導冰凍三尺非一日之寒，積弊已深，類似菸品走私，已非首次。尤其在菸捐提高，更有利可圖，變本加厲。

　　此次荒誕不經的事件，除了嚴重損害總統府、國家安全會議、國家安全局的形象，精心設計的十二天總統出訪所累積的正面意義，功虧一簣。事件所暴露的潛在國安危機，更是令人引以為憂。雖然國安局長、侍衛長分別辭職、調職。一些補救措施，例如隨行人員不再免檢查行李。政府部門若干極易引起民怨的特權，包括採購免稅菸品的優惠，一段期間應會收斂。

　　但是國安局除了負責國家安全，協調各情治機關，特別對於國際、兩岸的情報掌握分析，扮演樞紐角色。規劃執行國家元首的維安。即將展開的2020年總統大選，候選人的維安任務，已是國安局四年一次的大事。如何劍及履及彈性調整，不會因為局長臨時更迭，而措手不及。

　　任何主權國家，必然以維護國家主權，確保國家安全，追求國家利益為首要目標。以國家為單元的國際政治經濟互動，八九不離十,絕大多數國家理應如此。雖然國家實力涇渭分明,強權挾其優勢,主掌國際事務。過去的英國、西班牙帝國。二次大戰之後,美國蘇聯兩大超強。中國大陸的崛起,美國內部問題,歐洲盟邦的組成,新興國家林立,民主轉型的風潮。加上全球化、資訊化,人類共同面臨氣候變遷、能源轉型、戰爭所產生難民遷移、環境保護、人權伸張等課題。直接間接衝擊國家主權、安全及利益。

台灣的狀況尤其特別,國際地位欠明,中國大陸宣稱對台灣擁有主權,不放棄武力犯台,透過各種途經欲達成一國兩制的目的。1950年迄今,國際環境、兩岸互動、中國大陸演變、美中台三角軸心等,影響台灣的主權、利益,當然包括安全。國家安全有一定的內涵,包括平時、緊急,短中長期,以及攸關國家安全的政治經濟社會等界面。國家安全會議由總統擔任主席,祕書長僅是幕僚長,與總統府祕書長是總統府首長,屬性不同。國家安全會議督導國家安全局,係由總統及國家安全會議成員為主,祕書長督導角色,未有定論。

國安局被視為情治機關的龍頭,依法也須協調各情治機關。愈民主健全國家,對於情治機關的法定職權、分工、國會監督、行政指揮、違反亂紀的防範及究責、人員的篩選及升遷,愈系統化、課責化、部分透明化。台灣是新興民主國家,雖然國安系統、情治機關,愈來愈健全,但是缺失時有所聞。民進黨完全執政三年,以保障國家安全為由,修改國安五法,最近又提出中共代理人報備方案,上述問題更加重要。

第二篇
———
經濟社會

1 從寄生上流思考庶民經濟

　　看完韓片寄生上流，對於悲劇收場相當震撼。想想國內掀起庶民經濟討論，真的需要理性思考。何謂庶民經濟，也許人言言殊莫衷一是，但是對於庶民而言，庶民經濟不但感同身受，甚至就是生活的全部。無風不起浪，庶民經濟，韓流崛起，背後因素，頗值探討。只是細微末節批韓，執政政府不但未見其利，也忽略政治經濟社會的症狀，失掉政策改弦易轍的機會。

　　目前的執政黨，長期在野，應該比起目前在野的國民黨，更加了解民生疾苦，政策主張也偏向大政府福利導向。2000-2008年由於朝野政黨分治，未能顯現政策差異，2016年迄今，民進黨完全執政，本來有機會實現理想。可是三年多來，令人覺得角色更迭，除了政治性法案（例如公投法、攸關國家安全法律），包括一些攸關公平正義的經濟社會法案（例如平均地權、海外資金回台等）也是爭議不休，價值混淆令人眼花撩亂。

　　生產、消費、交易、分配，構成經濟活動的四大構面，彼此息息相關密不可分。分配常是生產、消費及交易之後的結果，當然也反饋前述活動。全球化、資本主義，二十一世紀面臨最大課題之一，所得分配的差異拉大，國家之間，一國之內，人民之間。尤其年輕世代，相對剝奪感不可低估。台灣也許情況尚可，但是類似現象時有所見。政府面對自由市場的運作規律，政策工具相當有限，財政政策（包括政府賦稅政策衍生所得再分配），社會福利政策（但是錢從那裡來？）。

最近適逢總統大選，主要政黨、候選人，為了投選民所好，支票承諾不勝枚舉。當然不乏真知灼見，富人稅、全球掀起共同申報準則。資本、勞務兩大生產因素，資本利得優於勞務利得，經濟學家難得共識。包括房地產、證券、資金等資本利得合理徵稅。政府透過財政、社會福利等政策工具，所得重分配，保障弱勢者基本生活所需，已是知易行難，毋庸置疑。

發展、分配，何者優先，不必深究，但是沒有成長，分配依然問題重重。台灣的問題癥結所在，基本所得數十年未曾大幅度上升。庶民經濟風起雲湧，可想而知，社會階層取代社會階級，但是以中產階層為主幹的金字塔型社會結構，逐漸M型化。任何執政者務必謹慎處理因應。加上資訊社會、全球化，訊息傳播加速，1930年代名著上流社會、有閒階級，國際、國內現象依在，甚至變本加厲。庶民而言，經濟活動即是日常生活的泰半，國際、國內的所謂富二代，則可能大相逕庭。

韓流除了庶民經濟，應有其他因素，庶民經濟，經濟學探討，政治經濟學、經濟社會學應可一併參考。執政黨及主要政治人物，更宜哀矜勿喜，提出良方。

2 政策利多，錢從那裡來？

　　每逢重要選舉前夕，包括中央及地方政府紛紛祭出政策大利多，而且不論國民黨或民進黨執政，皆然。例如行政院日前核定協助單身青年及鼓勵婚育租金補貼試辦方案，放寬補貼標準。利多政策不勝枚舉，類型不一，包括今年所得稅負，不少國人有感，執政者為此大肆宣導。

　　政府公共政策照顧人民福祉，天經地義，政策利多，最大多數人民的最大幸福，本來就是福利經濟學的理想目標。經國濟民是總體經濟學的核心，也是執政者揭櫫的原則。政府的角色功能錯綜複雜，尤其台灣的中央政府，必須處理兩岸關係、特殊的國際環境之下的外交政策。較之其他國家，倍極辛勞。再者，一般國家共同面臨的政治經濟社會文化教育等課題，執政者均必須勇敢面對，必要時，作出理性抉擇。

　　民主國家及威權國家，最大區別，前者的政府負責人有任期限制、選舉壓力（若干國家元首任期一屆為限）更需要充分了解民意需求，否則極易遭到淘汰。可是民主國家一切依法行政，包括預算案亦然。預算政治學係一門含括財政學、經濟學、政治學的綜合理論。誠然可以純粹從單一學門研究分析政府預算，利弊得失、數字意涵、政策執行績效等。但是作為政府首長以及財政部長，不宜單一詮釋預算，務必綜合性申論。
主計長更是責無旁貸。

　　不論總統制或內閣制，財政部長（大臣），在內閣排名均
是數一數二，我國也不例外。早期財政部仍主管金融政策（現
移撥金管會），其他財稅、國有財產等，仍然舉足輕重。財政
部在預算編列，負責歲入部分，歲出則由行政院主計總處負
責。各部會首長無一砸足全力爭取預算。不論零基預算、計畫
績效預算制度，行政部門內部的預算編製，即是值得探討的課
題。長官（總統、行政院長）的意願，現有法律的強制約束，
經常門支出占了泰半。國發會是否擔當大任，為長官分憂解
勞。在在考驗政府預算的良否，政策利多的必然？錢是否發在
刀口上，錢又從那裡來？

　　立法部門在政府預算制定過程，更是舉足輕重角色。雖然
民意代表不能提出增加預算的提案，只能為人民看緊荷包，刪
減預算。有納稅、有代表，民主政治的發展，與財稅政治息息
相關。立法部門背後加入政黨派系等因素，有些國家甚至行政
部門委託立法部門主動提出預算案、法律案。立法部門直接反
映民情，有時候偏好提出所謂利多法案，所屬政黨、行政部門
也樂觀其成。

　　雖然部分人民一時獲利，但是羊毛出在羊身上。天下沒有
白吃的午餐，政府的歲入，十之八九仍以人民賦稅為主。類似
中央銀行超出盈餘繳國庫，少之又少，仰賴公營企業、政府管
控的基金會、財團（行政）法人盈餘繳庫。果真如此，主計、

財政部門，不會每年絞盡腦汁，大扮黑臉。

　　資訊社會，公民參與開放政府，透明課責，政府預算編製、項目、執行，均已上網，接受檢驗。民智漸開的台灣，國人共同省思，那些才是合理兼顧多數人民的政策、預算。

3 排除投資台灣的政治障礙

　　政府、企業、外資、國營事業，投資台灣的四大咖縮手，造成台灣投資大熄火。最新統計，國營事業年投資金額，十年來首度跌破二千億元；明年政府公共建設經費仍不到總預算的百分之十，外資不來、企業轉向海外。

　　投資所代表多重的經濟意含，稍具經濟常識者一清二楚。投資的乘數效果，國民生產毛額的主要成份，代表經濟的景氣榮景，影響國民就業，實質所得，國家未來發展。政府的公共建設扮演火車頭角色，國家基礎建設，經濟不景氣時促進需求，係重要的政府財政工具。台灣近年來基礎公共建設比較完整，公共建設需求不如往昔，加上政府財政亮起紅燈，舉債即將達到法定上限。政府預算結構問題重重，法定支出占了七成，排擠包括公共建設在內的預算。

　　政府公共建設預算有一些需要檢討改進之處，例如每年維持百分之五成長，不低於總預算百分之十，審查程序不周全，執行力尚待加強，績效評估流於形式。若干蚊子館，遭人詬病的交通建設，荒廢的專業園區等。目前政府財政捉襟見肘，公共建設支出下降，相關主管部門推動獎勵民間合作，中央政府、地方政府合作跨域加值等措施，均是無可厚非，但是成效值得省思。

　　以BOT等政府民間夥伴合作，台北大巨蛋案，喧騰一時的高鐵財務改造案，由於政府部門未能有效的說明，造成人民對於BOT等誤解。廠商踟躕不前，反官商勾結情緒使得政策美意大打折扣。包括中央政府、地方政府跨域加值政策亦然，不但人民了解有限，地方政府在去年底首長迭人，國家發展委員會祭出的部分政策（例如產業有家），紛紛為地方政府所翻案。雲林、高雄市欲自訂法令，中央、地方合作跨域加值，人民的認知，恰好相反。

　　國營企業的投資出現低潮，國營企業有循環基金，除了中央政府補助之外，可以透過自籌或是舉債方式取得資金。中央政府總預算的緊縮，本來不影響國營事業的投資。國營事業不少係公用事業，例如水電汽油天然氣、大眾運輸等，2008年金融海嘯後推動四年五千億元的振興經濟擴大公共建設投資計畫，以及愛台十二大建設方案。均影響國營事業的投資。以近幾月缺水危機，漏水防治、再生水等，受到矚目。由於水價十多年未調整，負債不少的台灣自來水公司，漏水防治，汰換舊管線投資經費，由於中央政府補助刪減而降低。

　　政府不必事必躬親，不可能仰賴政府及國營事業負起全部公共建設的責任。但是政府扮演規劃者角色，例如再生能源、再生水、污水下水道、污水處理廠等，仍亟待推動。中央政府、地方政府、國營事業、民間企業仍有攜手合作，加速投資的迫切性。

　　政府效能仍是投資台灣的最主要因素，有機會領導政府部門的政黨，責無旁貸必須理性提出政策。過去藍綠對抗嚴重損害行政效率、投資意願。消極上，投資台灣的政治不利因素，一定要降為最低，積極上，要求政治人物具體提出投資台灣的可行方案。

4　漫不經心與馬虎行事

　　一位外國媒體駐台記者，在八仙塵爆發生後，寫了一篇台灣的致命災害年：真正的惡魔。將台灣近一年的災難，歸因於政府的漫不經心與馬虎行事。政府有如一部大型機器，由政務首長及各級文官組成，政府組織架構、決策程序等，均攸關政府效能。漫不經心與馬虎行事則是十分嚴重的行政文化及政治文化，不利政府的運作及效率。

　　台灣的各級文官，素質甚佳，隨著政治民主化，民間力量的抬頭，政黨輪替執政，各級政府的為民服務、行政效率等，均有目共睹。為何外國媒體工作者仍以漫不經心與馬虎行事指責政府？包括民選及非民選的政務首長必須肩負重責，以身作則，並領導常任文官，積極作為。民選總統重要性不言而喻，國民黨的A咖踟躕不前，推派B咖上場，即是漫不經心與馬虎行事。作為國家重要政黨，如此不負責任，雖然自取其辱，自行負責，但是樹立極不適當的政治文化。

　　民選總統有實際政治權力，可以指派行政院長及各部會首長，各主要政黨必須慎重行事，提名最佳人選，針對國家大政，列出可行政策方針。總統、行政院長、重要部會首長等，係國家機器的啟動者，帶領各級文官，共同規劃、執行、評估公共政策。上位者如果漫不經心、馬虎行事，上行下效，整體國家機器必會問題叢生。台灣目前非常需要有果斷魄力的民選總統及政務首長，帶領文官打破漫不經心、馬虎行事的政治及行政文化，認真負責全力以赴。

漫不經心、馬虎行事，係一種不佳的心態、行為模式、文化，人人有責，避免此種心態及行為，尤其執行公務。除了政府部門之外，台灣社會其實也必須深自省思，是否先斥此種心態、文化？放言高論，不針對問題深入了解，人云亦云，即是一種寫照。人由於心智結構、社會條件、外在制度等因素，無法期待每個人均對於周遭環境充分認知，理性判斷。但是培養大家盡其在我，努力不懈，凡事認真負責，應是教育的起碼目標。一些進步的國家，例如德國、日本等，國民性格及文化，值得借鏡。

政治運作影響至深且鉅，負責任的政黨、政治領袖、政務首長，一定要自我期許，改變政治及行政文化。漫不經心、馬虎行事的禍害無窮，樹立制度，建立標準程序，嚴格執行督考。總統扮演核心角色，主要政黨責無旁貸，有志出任重要政府公職者義無反顧，自我做起，帶動國家社會。

5 領導的理論與實務

　　台大學生因為修習領導學程，為了登山經費向外界募款，引起社會抨擊，領導學程在管理學研究所十分普遍，大學部開設並不多見。近日李登輝前總統以領導能力的修練發表演講，強調勿用魅力來塑造權力，領導者要誠實不能騙百姓。

　　領導範圍不同，政治領導與企業領導無法相提並論，但是也有相似之處。領導的理論與實務也有差別，領導的理論包括領導現象的描述，如何成為好的領導人，至於真正成為公認的成功傑出領導人，他（她）們共同特質，如何達成等，則是實務層次。

　　領導與權力密不可分，領導的基礎以權力為主，有時則否。權力的意義，A要B做C行為，B必須做C行為，A對B行使命令，A與B構成權力關係。權力泰半在正式組織內行使，政治組織（尤其是政府）及企業組織，一些非營利性社會組織，均出現領導現象。組織為了完成目標，維持組織運作、持續、發展，領導的必要性不言而喻。正式領導、非正式領導、常態性領導、非常態性領導等。

　　領導的理論已經超過八十年，領導特質理論強調領導者的心理、人格特質，魅力、熱情、勇氣等。外在環境、被領導者、權力接受程度、領導模式（民主型、非民主型）、領導方法（有效領導、口頭宣示、制定政策），決心、以身作則、對政策的掌握及了解、被領導人的信服、了解被領導人狀況、同理心等，可能影響領導運作及效果。領導行為理論認為人可以被訓練而成為領導者，一些領導方法被熱烈討論（例如權變理論、情境領導理論、神格魅力型領袖及領導模式、交易型領導、轉換型領導、全範圍的領導模式等）。

　　領導學程主要目的，在於培養學習成為領導者，退而求其次了解領導現象，掌握領導方法技巧等。領導無所不在，但是有機會成為政府或大型企業高階領導人，屈指可數。低階、中階、高階幹部，要件及領導方法，有相似及相異之處。但是愈高階領導人的個人條件、教育水平、道德修養、智慧、專業能力、使命感、同理心、抱負遠見、願景、執行力、領導才華、國際觀等，攸關成功領導人基本要件，也影響該組織良否。如果是國家領導人（例如我國總統），則必然決定國家的前途。

　　天生秉賦，正式或非正式訓練，自我訓練，系統性領導訓練課程，個人的抱負理念等，加上機會，共同孕育成功的領導人。企業及政治菁英的培養，循序漸進，因為領導才華逐漸累積，必要及充分歷練不可或缺。

6 教科書與政治社會化

　　中學公民、歷史等教科書大綱微調風波，中學生紛表不滿，抨擊黑箱作業、課程內容失真。教育部首當其衝，雖然表示新舊版本並存，有爭議之處，不會列入考試。但是中學社會科教科書事件仍方興未艾，尚未告一段落。

　　中、小學教科書，尤其公民、歷史（包括地理、國文），常被視為政治社會化的重要因素之一。因為中、小學生，政治人格、價值觀、政治態度等，正在形塑，學校教育扮演不可忽視的角色。現代科技發達，手機、電腦等成為中小學生取得資訊的主要工具，各類型資料充斥其中，教科書的政治社會化功能是否式微，頗值分析。

　　政治社會化從個人角度而言，係指個人政治學習（包括政治角色、政治知識、政治人格價值觀、政治態度、政治相關能力等）。從政治系統、總體國家社會而言，則是有計畫（有時不一定計畫性）將目前或計畫的政治或非政治規範等透過各種途徑，傳遞給政治成員（特別是年輕一代），期使政治系統穩定持續發展。國家認同、政治體制、政治角色規範等常是最主要的內容。

　　政治社會化的客體包括政府、政黨、大眾媒體、政治人物

等，主體以兒童、青少年、青年等新生代為主。政治社會化的
主要媒介：家庭、學校、同儕團體、大眾傳播為主。全球化、
國際化、資訊化的國家社會，國際社會的角色愈來愈重要，對
於年輕一代的政治社會化、政治行為等，有至深且鉅的影響。
國內近年的學生運動，新世代大聲疾呼的世代正義、居住正
義、所得分配、分配正義等，均是顯例。

　　家庭的政治社會化角色，父母的政治態度、政黨認同等，
對子女的左右愈不明顯。父母教養方式對於子女的人格、價值
觀、行為模式等，仍然不可小覷。但是政治社會化部分，已經
式微。學校政治社會化角色，在威權國家一向根深蒂固，1990
年以前的台灣，中小學教科書由政府部門嚴格審訂，中小學老
師十之八九師範體系出身。只是升學教育掛帥、社會的多元
化、政治的民主化，學校政治社會化的功能，未完全由主政者
掌握。

　　老師的教學方式、教科書內容、學校風氣、同儕團體互動
方式等，決定學校政治社會化的過程、效果。政治學者指出，
中、小學生，心智尚未完全成熟，對於相對而言比較錯綜複雜
的政治現象，不能充分認知，形塑一致性的判斷及行為模式。
但是全球資訊的爆炸，政治消息俯拾即是，青少年政治成熟期
可能提前。中學生參與社會運動的情事，日愈增加，一些發言
內容令人刮目相視。

　　公民教育十分普遍，民主或威權國家均是，透過教科書等
培養公民，不可避免。開放社會民主政治，學校開放教育，教

科書不先入為主。歷史、公民等影響學生認知、思維的課程，尊重老師的選擇。長期累積的歷史真相，理性公民基本要件，相關專業團體共同努力，提供課程架構。政府不積極介入，政黨輪替執政成為常態，不宜以一黨之私，干預學校教育。

教科書事件，或多或少反應台灣民主政治尚未完全成熟，二十多年扮隨民主化、本土化的糾結，國家認同、政治利益等犬牙交錯。有智慧的政治人物及全體成年人，有責任提供給年輕一代真實歷史，具前瞻性公民素養及能力。

7　危機管理與政府效能

　　八仙樂園彩色趴的塵爆慘案，令人搖頭嘆息，將近五百位輕重傷，已有兩人不幸往生，二百多位仍處危險期，其中年輕朋友占了多數。本來可以避免的悲劇，包括政府及民眾，務必記取教訓，不可重踏覆轍。

　　自去年七月底高雄前鎮氣爆迄今不及一年，台灣因為災變上了四次國際媒體頭條：包括兩次復興航空事件。台灣的國際形象損害，不言而喻，數以百計的性命，難以療癒的創傷。雖然意外事故在所難免，但是這些災變均有人為疏失，若干相關當事人無法卸責，但是政府仍難辭其咎。

　　設立政府的本意，消極上維持自由、安全、秩序，積極上推動福利進步。台灣多年來意外事故頻仍，明顯各級政府未盡到應有責任。成長、目標、走動、危機等四大管理，係政府首長的天職，全體政府人員念茲在茲。台灣地處颱風、地震敏感地帶，加上全球氣候巨大變遷，水災、乾旱、空氣污染等層出不窮。人民固然要有基本知識，居安思危，但是政府責無旁貸，尤其危機管理良否，攸關人民福祉及國家前途。

　　作者擔任政府首長十多年，處理多次危機事故，在台北市、中央政府先後授命重組災害防救體制。危機管理包括：事前防患演練、災難發生時搶救、災後的迅速復原等。三者息息相關，尤其好的防患特別重要。颱風、土石流等，台灣不勝枚舉，除了少數地區，政府各級機關均有豐富經驗，處理能力尚佳。地震、交通事故、火災、大型爆炸事件等，政府部門事後因變措施，有些仍待改進。事前防災措施，部分更值得檢討強化。

以公共安全為例，多年前公共場所災難奪走不少人命，政府部門才被動採取若干對策。政府的決心對於公共安全、交通事故等防患，有不小作用。作者任職台北市政府期間，屬行公安抽檢制度，消防局全力以赴不敢馬虎，公共場所意外傷亡，大幅下降。交通傷亡亦然，督促主管部門定期報告成效，隨時改善。台灣目前交通事故傷亡比例甚高，政府部門應負泰半責任。

政府災害防救體制與危機管理能力、政府效能等密不可分。二十一年前，負責改革台北市災害防救體制，全面要求相關局處與民間部門攜手合作，平時即備妥物資器具。災變發生時，高階人員進駐，俾利橫向聯繫統一指揮。消防部門強化專業能力，扮演協調幕僚角色，但是有關部門總動員，全力配合。到中央政府服務，以相同理念改革災害防救中心。提高層次，由行政院副院長統一指揮，各部會責任釐清，內政部消防署負責平時演練、災難搶救等事項。

台灣應否成立類似美國FEMA（聯邦緊急管理署）機關，見仁見智。行政院本部下設災害防救辦公室，加上內政部消防署，科技部行政法人國家災害防救科技中心等。相關部會均有明確權力責任，建立基本防災資訊，平時加強演練，透過各種途徑告訴民眾相關常識。由近一年意外事故不斷，令人擔憂台灣處處危機，人民付出慘痛代價。

　　台灣的主要政黨、政治人物，必須了解，人民免於恐懼自由，危機管理能力是國家競爭力、國家形象、政府效能、人民福祉、國家長治久安等的必要條件。

8 政治衝突的類型分析

　　自去年太陽花學運攻占立法院、行政院，一年之內陸續有抗議行動侵入政府部門，包括日前抗議高中課綱調整的學生。教育部提出告訴，民進黨疾呼放棄告訴，不同意見者認為此類抗議風氣不可助長，明年如果民進黨重返中央政府執政，面對類似抗爭，如何回應。

　　攻占政府部門除了法律責任之外，有其政治意含，民主政治，人民抗議對象以政府部門及官員為主，在政府部門周圍抗議，稀鬆平常。但是侵入政府部門，已是不可低估的政治衝突，通常抗爭者自我約束，治安單位傾全力防止。此次高中生侵入教育部，訴求主題又涉及敏感政治議題，政治衝突的成份，受到矚目。治安單位有了去年太陽花學運占領立法院多日的教訓，採取立即驅離措施。

　　政治衝突在政治現實無法避免，民主政治或多或少提供政治衝突的解決機制，但是政治衝突適可而止，否則造成政治失序及不穩定。當然政治衝突的主體、成因、型態等不同，造成的結果大相逕庭。政黨之間，不同利益團體的政治訴求，已是政治衝突的常態，但是衝突型態，包括是否合法性，值得省思。非民主國家，沒有合法政治參與管道，諸如言論自由、定期選舉等，群眾路線或肢體抗爭等此起彼落。號稱民主化多年的台灣，2008年之後，政治衝突型態惡化，令人引以為憂。

　　政治衝突的型態可區分為政治心理態度層次、政治意見層次及政治行為層次。國家認同、民主態度等，即是底層的政治心理態度，國內所謂統獨衝突部分如此。民調呈現，網路多元言論及名嘴等尖銳言辭，應是政治意見層次的衝突。國內政治討論不少用字遣詞十分尖銳，對於不同政治立場者不假辭色，一些民眾對於執政者及政府官員亦然。政黨之間也針鋒相對，誇大其詞，彼此之間信任度甚微。

　　政治衝突行為不計其數，立法院議場口語及肢體衝突、杯葛、強勢表決等。民眾的抗議，不同政治立場者肢體衝突，人民與治安人員對峙等。國家之內的政治衝突如果升高為內戰、分裂，可能一發不可收拾。一般而言，政治衝突的成因、訴求議題，與政治衝突行為密切相關。政治性議題、國家認同層次衝突，政治衝突行為容易升高。政治文化也影響政治衝突行為。當然政治體制、政府決策模式、執政者的良否，亦是重要因素。

　　包括政府、主要政黨、一般人民，均冷靜想想，台灣近年政治衝突的成因、類型。任何刻意引起、升高政治衝突者，均應公開譴責。全民共同努力降低政治衝突行為，從心態、言語調整，到實際行為。

9　第三勢力的政治詮釋

　　宋楚瑜不排斥參選總統，民進黨與所謂第三勢力在立法委員選舉分合，一些獨派人士欲另起爐灶，組織政黨投入立委選舉。第三勢力的意義，值得剖析，影響力也不可低估。

　　第三勢力顧名思議應是有別於第一勢力、第二勢力。共產國際的歷史發展，第三國際扮演重要角色，歐洲若干民主國家，兩大政黨之外，第三黨舉足輕重左右逢源。1940年代中國大陸，夾在中國國民黨、中國共產黨之間的各式各樣政黨團體，也被稱為第三勢力。民主政治贏者通吃，以二分之一以上多數做為判準，極易形成兩大陣營壁壘分明。政治經濟學家以理性抉擇、利益交換、集體結盟等分析民主政治為何形成兩大勢力，第三勢力甚難取而代之。

　　一些政治學者證明單一選區較易形成兩大政黨，揆之政治史，被視為鐵律。是否有政黨比例代表、政黨門檻、聯立或分立等變數，也可能影響政黨型態，決定第三勢力的命運。政黨的強弱，民主政治取決人民支持，選舉結果的獲票數、席位及比例。非民主政治，政黨的基礎以掌握國家機關（政、軍、特）及外圍企業、媒體、團體等。

　　英國、美國等兩黨制國家，第三勢力有不少變化，英國保守、勞工兩大政黨主宰英國政治八十年，極短期大聯合政府。數年前未有政黨超過國會半數，找第三黨組聯合內閣。兩大政黨總獲票率由八成降為六成，但是第三勢力多元化，自由民主黨之外，蘇格蘭民族黨、國家獨立黨紛紛崛起。美國民主、共和兩大政黨屹立不搖，但是共和黨內部的茶黨，民主黨派系不少。美國人民對於兩大政黨的認同降低，尤其年輕世代。

　　台灣從威權轉化為民主政治的時間不長，2008年國民黨又操控行政、立法部門，民進黨挫敗，一度成為一黨獨大。四年之後，情況稍有調整，國民黨馬政府執政失當，中國大陸政策引起民怨，經濟成長及分配均亮紅燈，政府效能打了折扣。原先民主多元力量，加上抗議不滿聲浪，太陽花學運，民進黨在去年地方選舉獲勝，國民黨士氣低落，總統大選，A咖踟躕不前，B咖取而代之的奇特現象。

　　國內第三勢力有廣義、狹義之別。廣義而言，國民黨、民進黨之外的政治勢力均是，新黨、親民黨均是其中一環。狹義而言，泛藍勢力及民進黨之外的政治勢力。目前所稱的第三勢力，有時侷限狹義範圍。台灣人民因為國家認同、歷史背景、對於國民黨執政的不滿等，泛藍之外，綠營支持者及中間選民，從早期支持黨外人士，往後重大選舉支持民進黨。台聯係罕見例外，民進黨人士脫離自立門戶，十之八九飲恨。去年柯文哲異軍突起，給了第三勢力莫大鼓舞。

　　台北市長是地方選舉，柯政治素人、個人條件甚佳，部分泛藍支持者對於國民黨失望，中間選民比例上升，特別是年輕選民認人（政策）不認黨。2016年立委選舉，第三勢力摩拳擦掌躍躍欲試。強烈台獨人士、祭出社會民主主義、頂著太陽花光芒等，均有別於民進黨。截至目前，宋楚瑜參選總統機率甚高（國民黨候選人係主要因素），泛綠及中間派的第三勢力仍以參選立委為限。在藍、綠陣營，均產生與第三勢力互動起伏的變化。

10 國家的異同性分析

希臘債務危機，世界矚目，不少值得引以為戒之處。包括台灣在內，一些人士紛紛討論該國是否希臘化？希臘的軍公教退休制度，長期的政治民粹主義，人民依賴大政府的心理，台灣均有若干相似，必須檢討改進。其他舉債型態、人民行為模式、文化背景、國際環境等，台灣與希臘大異其趣，迥然不同。

國家之間的相同、相異，有些一清二楚，部分則否。對於特定國家缺乏了解，或是刻意誇大渲染，國內時常出現擬他國化的評論。例如去年香港自由化運動步入高潮，將台灣與香港等量齊觀，大聲疾呼今日香港、明日台灣。瑞士一向是不少主張台灣獨立者的心儀目標，永久中立國的理想。冷戰時代，芬蘭夾在北約與華沙公約兩大集團之間，特殊的國際環境所設計的對外關係，台灣的芬蘭化也曾經被討論。北歐社會福利國家，一些民間團體倡導台灣瑞典化等。

他山之石可以攻錯，歷史可為殷鑑，避免重踏覆轍。其他國家的現狀及過去，自己國家的過往，均是參考的借鏡。問題是國家是動態的，過去不能完全適用於現在及未來，甚少單一國家的模式可以完全移植到另一國家。國家的異同分析及相關的國家發展理論，成為重要的參考資料。由於國家的數目不少，國家組成要素包括政府、人民、主權、文化等。國家發展係全面性，包括政治、經濟、社會、文化等構面。歷史學家、涉獵廣泛的發展學者，所建構的宏觀理論，頗值研析了解。但是牽涉層面過份廣泛，極易掛一漏萬，況且部分奠基在意識型態或主觀評價，引介者務必小心謹慎。

　　相對而言，單純討論政治、經濟、社會、文化發展，討論不同階段、類型國家的局部或整體發展等理論，對了解國家之間的異同，助益匪淺。例如比較政治、比較政府、政治發展等理論，對於世界主要國家的政治制度、憲政架構、民主政治進展、威權體制模式等，有較周全論述。包括人口、醫療、家庭、婚姻、犯罪、社會運動、社會福利、貧窮、都市化、農村社區等社會理論及比較社會發展論述，有助於掌握各國的社會問題及變遷。

　　經濟發展與國家發展密不可分，經濟成長、穩定及分配，攸關國家進步及人民福祉。經濟發展理論及經濟學相關學說，迄今仍是探討國家異同的主要知識。經濟及非經濟因素互相影響，但是經濟理論所探討生產、分配、消費、交易。產業、國際貿易、金融、財政等均是經濟動能的不可或缺變數。文化、環境、國際處境等也攸關國家的異同。

　　全球將近兩百個國家，依不同層次、指標，加以分類、比較，應是了解國家異同的基本方法。純粹比較兩個國家的異同，也必須探討主要指標的相同及相異。台灣與香港、希臘、

芬蘭、瑞士、瑞典等異同性，理性討論基石亦然。包括公共政
策制定，主要政治人物、政黨的政策論述，均不宜放言高論，
大而化之，刻意簡化譬喻。學者、評論人士也自我期勉。

11 網路社會的虛與實

網路霸凌引起一位明星自殺，網路言論是否要專法規範，再度受到矚目，人言言殊仁智互見。贊成者引用歐洲美國等，網路言論單獨立法，已是時代趨勢，國民黨立法院黨團日前召開公聽會，也力持此種主張。反對者則認為現行法律已經足夠規範網路言論，單獨立法可能損及言論自由。也有人指出，網路社會與實體社會相似，對於實體社會，不必要單獨立法規範言論，網路社會亦然。

網路社會的形成，已經多年，只是隨著資訊通訊科技的發展，網路社會的樣態、形式等日新月異。網際網路、社群網站，智慧型手機，行動上網。雲端科技、巨大資料、物聯網等，可預見的未來，網路社會、行為模式等，必然有更多改變。美國總統歐巴馬以wild wild west，形容網際網路所形成的社會，如同美國西部蠻荒世界，網絡安全、網路規則設定等，均宜理性思考，尋求解決辦法。

網路社會有虛、實兩大性質，實際而言，網路社會乃是實際社會不可忽視的一環，愈來愈多的人，與虛擬的網路生活息息相關。尤其年輕一代，出生迄今，均涉入其中，被稱為網路世代。台灣人民上網時間、使用智慧型手機的比例，均領先其他國家。除了年齡較大，或未有數位能力、裝備的族群，在鐵路、捷運等交通工具上，甚至餐廳、公共場所，低頭族比比皆是。

　　台灣的網路社會、婉君（網軍），網路言論等，政府似乎狀況之外。去年11月29日選舉結果，國民黨大挫敗，總統府、行政院等特別邀請所謂網路專家授課。台灣的資訊通訊技術本來十分發達，特別是硬體部分，半導體、片板、DRAM、LED，零件、代工，個人電腦、智慧型手機等，撐起產業半邊天。可惜軟體、服務、系統整合等，技不如人，創新研發有限，未能完全跟上現代資訊通訊腳步。台灣軟體、服務產值遠遠落後硬體產能，與先進國家比較，十分罕見。

　　網路社會的掌握、數位機會、內容、學習、教育等，有必要強化。網路規範，針對失序、可能觸法行為的分析、防患等，更不容蹉跎。事權分散，沒有統籌機關負責，行政院國家資訊發展推動小組，僅是任務編組，沒有固定人力、經費、法定職權。以科技會報人力為主，該會報也是任務編組。科技部負責資訊通訊基礎研究、經濟部負責資訊通訊應用及產業，國家發展委員會負責電子化政府及電子治理，教育部負責數位教育及網路學習。

　　國家通訊傳播委員會（NCC），係獨立行政機關，負責通訊、傳播等頻道的規範、法令、審核等業務，但非統籌機關，對於網路社會、網路言論，更沒有職權干預。網路社會如影隨形，支配國家、人民，電子治理不僅是服務、效率的電子化政府，參與、課責、透明的開放政府，更包含掌握網路社會發展，提出因應對策的政府。

作者在2000-2004年出任行政院研究發展考核委員會主任委員，該會資訊管理處負責電子化政府，研究發展處負責前瞻性政策研析。特別責成兩處攜手合作，邀請學者專家、相關部門官員、企業團體代表，研擬網路社會可能發展。但是研考會並非網路社會主管部會。網路社會由政府哪一機關負責？隨著研考會與經濟建設委員會合併為國家發展委員會，似乎人亡政息。

成立資訊通訊部統籌政府資訊通訊政策，包括科技、產業、法令、教育、電子化政府、網路社會、安全等。多年來國家發展，更凸顯設立該部的重要性，企盼早日成立。

12　國民素養與公共財認知

　　國家安全局人員涉及走私菸品事件，愈演愈烈，除了國安局、國家安全會議、中華航空公司成員之外，是否有更高層級人員涉及，倍受矚目。一段時日，可能無法塵埃落定，真相大白。此一事件暴露國家安全的危機，職司國家安全重責的成員，如此輕忽，罔顧基本職場倫理，令人引以為憂。

　　十二年國民教育的核心理念是素養，亦即國民素養。若干家長希望將孩子送到補習班孕育素養，或許啼笑皆非。但是也反映國人對於基本素養的認知模糊，徒賴教育體系，無法克奏膚功。家庭、父母、大眾媒體、網路、團體等，均責無旁貸，尤其是政治人物、政府高層，即使不能帶動風潮，也要自我期許，不宜惡性示範。此次事件所彰顯政治酬庸現象、特權心態、置國家安全等公共財於不顧的危機。適逢十二年國教培育國民素養啟動的時刻，全國人民好好省思國民素養與公共財認知的課題。

　　公共財包括公共物品及公共服務，舉如公園、大眾運輸、水電等公用事業服務等均屬之。再者國家安全、公共安全等，則屬於隱形的公共財，或許被視為理所當然，卻是攸關國家前途、全民福祉及社會進步。國家安全的重要性不言而喻，影響每個人民生計安危。為了國家安全，設置政府、軍事、情治等部門，這些必要的機制，由人民共同承擔支付。天下沒有白吃的午餐，公共財也許有搭便車的現象，但是謹慎面對，不可掉以輕心。此次國安機構成員，荒誕不經行為，在在顯示對國家安全為主軸的公共財，認知偏頗。國安人員如此，一般大眾又能要求什麼？

國民素養，如何界定，也許人言言殊，聚訟紛紜沒有共識。但是對於公共財的基本認知，是國民素養不可或缺的元素，觀察民主先進國家，教育理念，培養國民基本同理心。理性認識外在世界，孕育設身處地的能力，除了自己之外，對他人的尊重及共享。公共財的生產、分配、消費即是奠基在同理心之上。公共財的交易模式與非公共財大異其趣，甚至沒有實際交易，容易被疏忽。因此教導國民對於公共財的正確認知，十分必要。

除了國家安全之外，公共財另一重要內涵，公共安全，包括治安、公安及交安等。這些公共財亦然，形式上人民沒有支付，其實也是得來不易，仰賴政府部門、私部門及全國人民共同努力承擔責任。治安一目了然，公共場所安全，國人認知提升一些，但是付出慘痛代價。交安亦是，交通事故、行車安全、維持交通秩序，人人有責。公共財的累積，有時候必須消極地降低社會成本，社會成本的減少，也是國民素養的要素。例如不要製造污染、隨便違規停車等，均一清二楚。

風俗厚薄繫乎一二人所向的時代也許已經消逝，唯有提昇

國民素養，對於包括國家安全、公共安全等公共財的基本認
知，才能克竟其功。但是身為執行人員，政治人物更義無反
顧，以身作則。

第三篇

———

2020年總統大選

1 總統民選：過程與結果

距離明年1月11日總統大選，剩下七個半月，雖然有意角逐的人士動作不斷，但是今年總統大選迄今塵埃未定，選情撲朔迷離。民進黨現任總統尋求連任，竟然遭到剛剛卸任行政院長二個月的昔日僚屬挑戰。雙方為了是否修改提名辦法，採取何種民調（手機、比例、是否納入柯文哲對比）爭議不休，未有定論。

國民黨方面也高潮迭起，韓國瑜的崛起，三個太陽幾乎隕落。為了韓量身訂作初選規則，徵詢同意列入全民調，原先三成黨員投票如何規劃，不得而知。郭台銘有備而來，來勢洶洶，誰也不能低估實力。國民黨最後由誰披掛上陣，仍然尚未明朗化。代表無黨籍第三力量的柯文哲市長，好整以暇，參選與否，宣稱可能八月才會揭曉。國民黨預計七月中旬公布初選結果。民進黨一再拖延，遙遙無期，依據黨中央規劃，如果溝通協調順利，最快六月下旬公布結果，但是仍然未定之天。

包括總統民選在內的民主政治運作，結果重要性不言而喻，因為攸關何人、何黨在行政部門、立法部門，中央政府、地方政府等的執政。不少選舉調查，預測選舉結果，眾所矚目選舉可能結果，分析候選人、政黨的人民支持度、政見內容、選舉策略等。正常總統民選程序，包括主要政黨的初選提名，以及正式的大選。全球化、國際政治經濟巨變，衍生不勝枚舉課題。認同危機，政治多元化，小黨林立，民粹主義蔓延，兩大主要政黨的支持度下降。這些現象波及包括總統民選等民主過程與結果。

2020年總統大選，也充滿類似痕跡，加上美國、中國兩大強權幾乎全面對峙，從貿易、關稅、智慧財產、產業結構、政府補貼等議題升高的禁止高科技輸出、匯率制裁、5G、華為等不一而足。美國印太戰略對上中國大陸的一帶一路，南海緊張、東海、台灣海峽均然。處在兩大強權對峙，中國大陸又宣稱對於台灣擁有主權，一國兩制，談判台灣方案，不排除武力攻台等。儘管美國行政部門、國會，對於台灣示出不少善意。作為台灣未來的民選總統，如何領導國家，作出最有利於全民福祉的因應措施。也成為此次總統大選重要的指標之一。

截至目前，總統選舉異於往昔，何人、何黨可能脫穎而出，任誰也不敢妄下判斷，民意調查林林立立，無法整合歸納。兩個主要政黨，正面而言，人才輩出，競爭激烈，非正常析之，初選作業因人設事，糾紛層出不窮，未能樹立政黨初選典範。民主政治，現任者在黨內初選，十之八九受到優先保障，民進黨的所謂民主原則，滋生一連串問題，深值剖析。國民黨亦然，但是四個主要角逐者，盡是一時之選，而且並非執政黨，沒有現任者參選連任問題，相較單純一些。

民主政治過程與結果兼顧，2020年總統大選，當然是民主政治的重要一環，過程進行中，結果霧中看花，與往年大異其趣。全國人民、主要政黨、候選人，共同在特殊的國際、國內政治經濟社會環境之下，寫下歷史。

2　為何寫給柯市長一封信

　　日前（5月26日），我決定寫給柯文哲市長一封信，本來想親自當面送給他。因為5月31日原先就計畫一起晚餐，因此標示5月31日。但是自忖既然作出抉擇，仍宜儘早告訴市長，並親自面報他。柯市長於5月26日晚上十一時左右自日本返回台灣。該天下午七時左右將信line給柯市長，並透過line給蔡顧問，希望她安排我早點與市長見面，有事面報。不久蔡顧問即回覆會早日安排會晤，隔天凌晨起床，市長已經閱讀該封信。

　　我將該封信line給蔡顧問及負責市長行程的祕書，希望早日面見市長。或派人到我家取走信函，當面交給市長。5月27日市長室即派人取走信函，28日與柯市長面談。我的信的內容如下：

　　柯市長

　　　　您好，承蒙器重，欲弟籌組顧問小組，經過將近兩個月，計有十數位朋友加入。

　　　　弟年歲已高，20年前已經擔任國政藍圖負責人。國家經歷20年變遷，新世代人才輩出。政策規劃宜由這些新生代擔綱。

　　兩黨總統提名作業延遲，市長亦然。弟延誤若干時日，尚不影響整體作業。過去三年，弟身體違和，承蒙上蒼眷顧，逐漸恢復，但仍難承擔重責。

　　台灣面臨重大挑戰，樂見菁英輩出，為國家人民提出抒解良方。

　　再度感謝市長知遇，祝福
　　平安順利

弟　林嘉誠敬上

2019.5.31

　　短短幾個字，道出我不宜出任政策小組負責人。四月初承柯市長厚重希望協助他找一些學者專家及昔日政務官，不拘形式的政策諮詢。當時我們已有共識，實質重於形式，不必大張旗鼓，分組討論或個別諮詢為宜。我與柯市長相識多年，曾經掛名市政顧問，但是2016-2018年，我因為身體因素，以及含飴弄孫，未曾撰寫文章刊登媒體，也未參加公開活動。每年一次的市政顧問會議，也均缺席，與柯市長將近三年沒有聯絡。

　　可能今年三月開始，在媒體發表系列文章，尤其不少係涉及2020年總統大選、國家體制、對外政策、兩岸關係、公共政策制定等。透過line與柯市長交換一些心得，不久柯市長即有當面邀請。我曾具函邀請昔日政務官、學者專家，但是係非執政黨，又多數與昔日民進黨陳水扁政府互動不低，結果成績不佳。

由於兩大政黨總統提名作業紛亂，時程延遲，柯市長沒有時間壓力，我的協調工作亦是。豈料不久即有媒體報導市長邀我籌組國政顧問小組，撰寫國政白皮書。對於媒體詢問，我一律不予回應。柯市長接受訪問即有明確說明，根本尚未有所謂國政顧問小組，也沒有召集人。

我在2000年總統大選，擔任陳水扁的國政藍圖委員會負責人，邀集學者專家、原台北市政府政務首長等，撰寫國政白皮書。1994-1998年，我曾任台北市政府副市長兼研考會主委。2000-2004年，出任行政院研考會主委，2004-2008年，轉任考選部長。2008年離開政府，除了在大學授課，並在研究智庫兼任顧問。2008-2015年，計出版四本評論文集及一本專書。

2016蔡英文政府成立，2016年12月及2018年1月，總統府兩次致電邀請出任國策顧問及欲登門拜訪，我均以身體違和表示謝絕。今年三月撰寫一系列文章，完全秉持一貫作風，希望台灣面對國際、國內巨大變遷，執政者及政府責無旁貸，務必理性務實的回應，拔擢政治人才，提升政府效率、善用常任文官，制定超越黨派，可長可久的公共政策。

同意柯市長運用昔日人脈，協調曾任政務官、學者專家，經過五十多天，一些原先答允者陸續退出。我自忖年齡不低，無意重返政壇，20年前即規劃國政藍圖，2004年亦然。2015年本來應辜寬敏主持的新台灣智庫邀請，籌組小組，撰寫白皮書，因故作罷。經過多年變化，年輕世代人才輩出，加上經過十餘年平民生活，年齡不小，人生哲理改變一些。往昔凡事全力以赴，現在則是順其自然按步就班。總是體悟，冥冥中有看不到的手，順天應人，天道酬勤。

曾任12年民進黨政府政務首長，但是我近十年均無黨籍，行事風格與民進黨尚有區隔，一些政策主張容有不同。本來民主政治，互相尊重截長補短，可惜有些政治菁英及其幕僚，並非如此。處在柯市長及民進黨之間，必有難言之處，本來沒有的名份，經過媒體刊登，徒增困擾。因此我深思熟慮，寫了一封信給柯市長，並經過面對面溝通，取得諒解。

自由自在，沒有羈絆，即使不能至，心嚮往之。國家處於多事之秋，不能置身事外，真誠無愧於心，仍然可以做些事情。非常感謝朋友近日的關懷，長期學理訓練，十多年政府首長歷練，加上人生大風大浪起伏波動。市長父親的理性慎思，大學學歷母親的感性智慧，身教言教，受益匪淺，也是我一生的明燈。

3 郭台銘參選總統的政治觀察

　　鴻海集團董事長郭台銘正式宣布參加國民黨總統初選，在台灣政壇投下震撼彈，也引起國際媒體的高度矚目。除了郭是台灣首富，鴻海集團跨越全球，尤其在中國大陸的企業規模，占了中國外銷百分之三以上，雖然目前逐漸下降。美國威斯康辛州投資案，美國總統川普親自宣布，數度接見郭台銘。

　　如此與美國、中國關係匪淺的人物，在美國、中國公開角逐競爭，包括美中貿易、南海、5G科技、一帶一路對上美國經濟新援助方案。兩大超強角力抬面化，身置其中的台灣，除了蔡英文政府拒絕承認九二共識，加上台海兩岸政治實力懸殊加大，中國大陸對於台灣步步進逼。一國兩制、九二共識未有一中各表、一個中國、不排除使用武力犯台、全面封鎖台灣外交。另輔以利誘台灣人民，操縱經濟手段，在不同政治人物下功夫。

　　小英政府配合美國政府若干對中國強硬政策，以及總統大選在即，台灣人民憂慮安全受到威脅，採取強悍的姿態。蔡英文總統往昔理性務實的形象，卻以辣台妹自居，對中國大陸不屈不撓，護衛主權民主，強化國防自主力量，結合友台國家，提高危機意識等，均是正確措施。但是面對中國大陸，國家元首應該冷靜慎思，而非以辣台妹自許。近日民進黨總統初選，蔡受到昔日部屬賴清德挑戰，固然情何以堪，但是雙方對峙，蔡的支持者在網路對於賴的攻擊，令人咋舌。另外一種辣台妹形象，對於蔡的連任之路，減分大於加分。

相形之下，郭台銘的參選，政治意義就不言自明。或許郭在美國、中國大陸眼中，政治份量尚有待觀察。數年前所謂美國中國共治台灣的形勢已經改變。但是美國希望台灣維持現狀，台灣與中國大陸不要劍拔弩張，早日恢復談話。美國與中國在軍事、外交、經貿仍然以和為主。美國朝野兩黨對於中國大陸民主發展不進反退，經濟發展帶來政治民主化的幻滅。局部調整對於中國的策略，但是基本方針不變，對於台灣固然施予小惠，但是處在兩大超強之間，尤其中國大陸宣稱擁有對台灣主權。台灣的領導人的智慧判斷，十分重要。郭的投入總統大選，意義在此。

企業與政府雖然大異其趣，但是大型、國際化企業，其組織、經營策略、目標、執行、領導、經營理念、人才培育、內部文化、對於外部環境掌握、創新、研究、知識管理、科技使用等，與政府部門有雷同之處，甚至不亞於公部門。一度廣泛流行的企業型政府，知識型政府、政府組織改造、e化、績效評估、行政效率提升、人力素質改善等，不少觀念源自企業管理。郭的鴻海集團除了財力等不可低估，富可敵國之外，作為創辦人及集團領袖，其成功領導人要件；基本學養、國際視野、識人之明用人唯才、開放坦蕩胸襟、論述能力。郭雖然政府行政歷練及政治經驗不足，但是作為領袖所需的綜合能力，綽綽有餘，其旗下的幹部團隊，不可小覷。

　　郭的投入，除了使國民黨總統初選明朗化，民進黨執政失利，加上初選風波愈演愈烈，蔡賴何者出線，前途未卜。柯文哲接受新知、聰明才智異於常人，四年多首都市長歷練，中間選民，四十歲以下、教育程度偏高者支持度本來遙遙領先。也因郭的投入，可能發生變化。如果韓國瑜不參選，未來總統大選，應是郭柯對決，對於台灣政治意義非凡。

4　2020年國家需要怎樣的總統

　　距離明年年元月總統大選僅剩不到九個月,兩個主要政黨,民進黨及國民黨的總統提名人卻遲遲未能決定。民進黨中執會日前決議,俟5月22日該黨區域立委提名作業告一段落,再處理總統提名問題。此種自打嘴巴的舉動,政治動機不言自明。國民黨的表現也荒誕不經,公開宣布角逐的太陽,遲遲無法發光發熱,全黨期待甫就任高雄市長四個月的韓國瑜。既有的提名辦法束之高閣,絞盡心思,如何徵召韓國瑜參選總統。

　　坦然而言,國內兩大政黨的表現,國人也不會覺得意外,因為1996年民選總統迄今23年,舉辦六次選舉,選出四位民選總統,三次政黨輪替。人民對於兩大黨的施政表現,搖頭嘆息比例不低。短短二十三年,三次政黨輪替就是明證。陳水扁2004前、馬英九2012年尋求連任,雖然僥倖過關,但是均遭到對方陣營強烈挑戰。除了李登輝主動放棄連任,目前蔡英文連任之路充滿荊棘,連在自己黨內都不保證順利闖關。正式大選,民調十分難堪。

　　種種現象反映人民對於兩大政黨以及民選總統的失望不滿。或許有人合理化這些是全球共同趨勢:兩大主要政黨總獲票降低、人民對兩大政黨認同下滑、對於政治人物信任感不佳、第三勢力崛起、負面政黨意識彌漫。法國馬克宏崛起，美國川普、巴西、墨西哥、巴基斯坦等大型國家。甚至菲律賓、薩爾瓦多、烏克蘭等均出現相同現象。至於內閣制國家早就如此，小黨林立、聯合內閣，比較穩定的日本、德國如此，西班牙、義大利、以色列等，兩黨政治已是天方夜譚。

台灣的政治走向也不例外，2014年政治素人柯文哲崛起，維持四年多的聲量，市長選舉雖然有驚無險低空掠過，實力仍然不可低估。韓國瑜現象則更錯綜複雜，需要剝絲抽繭分析。但是反對民進黨、瓦解傳統國民黨則是不言而喻的事實。兩大主要政黨總統候選人未能如期提名，柯文哲、韓國瑜民調維持領先兩大政黨的主要角逐者。這些現象告訴什麼政治意義，值得國人深思。

台灣面對中國大陸的壓力與日俱增，國內政治、經濟、社會、教育等問題層出不窮。兩大政黨的大陸政策、治理能力、統獨意識對峙、政黨利益凌駕國家利益、結黨營私汲取公器。人民生活品質不但無法提升，反而不少比例日愈滑落。尤其年輕世代茫茫然沒有希望的明天。

總統是國家元首，代表國家，除了負責國防、外交、大陸政策，其他交由能接地氣、學有專精、具有領導奉獻、勇於任事、道德操守的各界菁英，共同組成的行政院團隊，與全國文官，制定超越黨派、可長可久、造福全民的公共政策。兼顧主權民主自由人權及繁榮和平穩定免於恐懼的國家。2020年國家需要怎樣的總統，答案呼之欲出。

5　另類實證分析現任者優先課題

　　民進黨中執會決定，延長總統初選，本來即將進行政見會、全民調等均告暫停，預計5月21日之後再進行初選後續事宜。賴清德以卸任行政院長不到兩個月，公然挑戰蔡英文的連任之路。雖然民進黨總統初選沒有明文保障現任條款。可是研究政治的學者，除了規則之外，各國長期累積的政治運作型態，更是關注的焦點。

　　台灣不採取內閣制，總統由全國公民直接選舉產生。與美國總統直選相似。台灣自1996年舉行總統直接民選，李登輝以現任總統獲得提名，代表該黨參選。受到黨內幾位重量型人物挑戰，林洋港、郝柏村、陳履安。三位均是脫黨或被開除黨籍逕行參選。沒有在黨內初選時挑戰連任的現任總統。2004年的陳水扁，2012年的馬英九均是如此，在黨內沒有受到挑戰，順利被提名參選。所謂現任者優先，有的明文規定，有的乃是長期累積形成的政治規範。

　　美國開國兩百多年，的確有極少數連任總統在黨內受到挑戰，泰半對手挑戰失敗。近六十年來，只有卡特總統在1980年競選連任，在黨內初選受到愛德華甘迺迪強烈挑戰，最後仍然順利過關。正式大選失利，因素錯綜複雜，但與黨內初選激烈競爭有些相關。至於1968年詹森總統自動改棄連任的成因，比重較多於出現黨內挑戰者。

　　政治科學，顧名思義以科學方法（包括方法背後方法論）研究政治現象。與傳統政治哲學、政治史、政治制度、憲法、行政法等大異其趣。行為科學研究帶動政治科學的崛起，以政治行為作為分析單元，政治行為背後的政治意見、政治心理（通常細分政治人格、政治價值觀、政治態度），以及政治心理形成的政治社會化過程。

　　政治學方法論，與研究方法有別，研究方法可以視為方法論的上層後端，依據底層前端的方法論，才有衍生包括實證調查抽樣、模擬實驗，甚至田園調查、質性研究等。大量的使用統計方法及計量技術，以前述政治行為為分析單元，找尋各種通則、定律、理論。政治學方法論秉持科學一元主義，認為自然現象及社會現象的研究，均可採取同樣的科學方法。因為兩者現象均存在可能的通則、定律，而且可以連結成具有高度描述、解釋、預測的理論。

　　從科學概念著手，透過歸納或演繹的方法，找尋通則定律，依概念之間的恆等程度區分普遍性、概率性、趨勢性通則。也可稱為定律、準定律或概率定律。給合相關的定律、通則則是科學理論或準理論。隨著新發現矯正定律、理論。研究自然科學者，對於上述方法論耳熟能詳。

　　以實證科學方法探討民選總統連任是否優先，答案可能背道而馳。台灣的實例，美國及其他國家的綜合歸納，的確現任

者優先。挑戰者除非明顯路線大相逕庭,被挑戰的現任者施政
弊端叢生,黨內派系林立,挑戰者理直氣壯。蔡英文及賴清德
彼此之間出現多少前述現象,某方面說明雙方的合理程度。

　　國民黨最可能出現的總統候選人韓國瑜曾修習作者講授政
治學方法論,以實證科學方法探討,他獲得國民黨提名機率甚
高。未來大選,民進黨候選人已經不是主要對手,而是柯文哲
市長。

6　民進黨如何進行總統初選民調

　　民進黨總統初選協調期至4月12日截止。當事人之一的前行政院長賴清德已向黨內總統初選協調小組表達，堅持走完初選程序，也拒絕接受蔡賴配。依黨內規定，若雙方皆無意退選，將比全民調定輸贏。欲採對手對比式，抑是黨內互比式，考慮實際狀況，雙方可能得失，將成下個戰場。

　　最近部分黨員醞釀初選延期，祭出霸王條款，全民調脫穎而出者，不一定被臨時全代會認可。依規定全民調不是唯一提名的依據，全國黨代表大會，五分之一代表連署，二分之一出席，五分之三多數可以否決全民調勝出的候選人。

　　由於民進黨總統初選，出現民主國家罕見現象，卸任兩個月的行政院長，在黨內初選，挑戰欲競選連任的現任總統。總統、行政院長關係何等密切，發生國際媒體所稱家變。

　　民進黨人士及其支持者，陷入左右為難，各擁其主，公開對外，美其名民進黨是民主開放政黨，沒有現任保障條款及慣例，樹立公平競爭的良好初選模式。私底下不少人焦慮不安，相互抨擊現象不勝枚舉。民進黨三年完全執政，施政失當、人民怨聲迭起，去年11月24日的前所未有挫敗，當然是重大警惕。

　　3月16日立委補選結果，民進黨雖然有止血作用，但是否開始止跌回升，未定之天。國民黨韓國瑜因素，搞得原先太陽們失去光環，整體形象不敢恭維。韓是否參選，牽動代表第三勢力的柯文哲動向。這些迄今塵埃未定，也影響民進黨全民調的方式。相關規定，對手尚未正式確定，以採黨內互比式。雖然互比式，容易對方滲透上下其手。

　　欲採用對手對比式，可能浮上抬面的對手，國民黨起碼四人：韓國瑜、朱立倫、王金平、吳敦義。純粹兩黨對比式民調，係一種方式，民進黨兩位候選人，誰得票率高（計五家民意調查機構，每機構3000份樣本，母體用1年前中華電信黃頁，由8家民調公司抽出5家）。柯文哲動向未明，卻是不可忽視，其他郭台銘、張善政、宋楚瑜是否列入。民進黨設有小組專司其職，累積多年經驗，駕輕就熟。但是此次總統大選撲朔迷離，添增採對手對比式民調的錯綜複雜。可是雙方陣營如果誠意溝通取得共識，技術問題迎刃而解。

　　坦然而言，政黨重要公職人員提名制度，未有定論，不同制度互有利弊得失。為了最後正式選舉勝利，當然採取贏的策略。民主國家政黨政治的蛻變，中間選民比例上升，年輕、教育程度高的選民自主意識濃厚。往昔所謂政黨認同雖然依在，大異其趣的負向政黨性投票、政治活動比比皆是，不可低估。相形之下，主要政黨的提名重要性打了折扣。

　　與前三次總統選舉相較，此次比較錯綜複雜，迄今尚未明朗化，但是韓、柯、賴三強鼎立，機率最高，結果預估風險最

大。其次韓、柯、蔡；朱、柯、賴；朱、柯、蔡。柯未參選的
兩黨數種組合。大數據、精密電算功能，抽樣技術翻新，只要
有誠心，答案不難揭曉，當事人心服口服，沒有爭議。

7 2020年總統大選撲朔迷離

　　高雄市長韓國瑜一趟香港澳門深圳廈門行銷農產品之行，由於會面香港澳門行政特首之外，與兩地中聯辦主任晤談，中國對台辦主任劉結一也特別到深圳與韓國瑜見面。民進黨全部動員口徑一致，大肆抨擊韓國瑜作法掉進中國一國兩制台灣方案的陷阱。行政院還祭出罰款、修改現行法律，增加所謂韓國瑜條款。

　　韓國瑜兩度表示沒有意願參選2020年總統大選，在高雄市議會答詢時，表示反對一國兩制，均是具有相當政治意義。包括陸委會主委陳明通在中國空軍飛越海峽中線，多種壓力之下，口不擇言的禽獸說。陳雖兩度鞠躬道歉，但反映民進黨政府的窮於應付。

　　今年元月，中國大陸主席習近平提出五大談話，對於向來主張九二共識一中各表的中國國民黨有些困擾。但是國民黨仍然重申兩岸和平、不排除中國統一、九二共識著重求同存異。唯有兩岸和平共處，經濟民間交流，台灣才能經濟成長，人民生活安全獲得保障。韓國瑜疾呼台灣安全人民有錢，國民黨重要人物紛紛跟進。

　　民進黨打著顧主權護民主，九二共識就是一國兩制，蔡英文總統四個必要，大力抨擊部分國民黨人士提出重返執政後欲簽訂兩岸和平協定，係賣台行為。欲修改相關法律，對於兩岸政治性協議，比照修憲程序，嚴格控制。甚至包括朱立倫所提出在金門和平宣言，亦納入其中。

中國雖對台灣人民文攻武嚇，卻陸續推動惠台各項措施，兩岸經貿往來，人民相互流動。台海緊密，中國大陸政治經濟硬實力。台海對峙，形成台灣人民惶恐不安，人民經濟生活受到影響。作為完全執政的民進黨不理性務實面對，反而以中國大陸打壓，欲以一國兩制併吞台灣為由，製造恐共氣氛，批評對立政黨可能出賣台灣，特別對於引領韓流，最有可能2020年總統大選對於民進黨構成威脅的韓國瑜，抨擊已到無所不用其極。

包括蔡英文總統的辣台妹自許，親美抗中的策略顯現無遺。可是施政不佳，形象已經定型，民意支持度無法回升。打著務實台獨工作者的賴清德，以卸任不到兩個月行政院長身份，公然挑戰昔日長官，爭奪總統大選黨內提名。賴仰靠台獨及本土意識強烈者支持，對兩岸大陸高調說法，相較蔡英文，有過之而無不及。雖然掌握大約一成五左右傾向台灣獨立的基本票，在民進黨總統全民調占了優勢。蔡英文為了急起直追，冷嘲熱諷韓國瑜與中國大陸唱和，大陸政策更傾向強硬，種種措施對於台灣發展，是福是禍，昭然若揭。

民進黨由蔡或賴擇其一，是否勸退一方，形成蔡賴配，或依全民調賴脫穎而出。目前所謂霸王條款，全民調是採對比式或互比式，均仍充滿變數。國民黨是否徵召韓國瑜，何時？如何？領表徵召、勸說韓正式參加初選，為了勝選最後黨中央逕行徵召，不一而足。兩位公開宣布角逐黨內初選的朱立倫、王金平情何以堪。最後是否造成自亂陣腳，為2020年總統添加變數。代表白色力量的台北市長柯文哲，雖然網路聲量下降，被譏為逐漸邊緣化。可是他的動作頻繁，近日的幾項民調結果，均維持一定支持度。尤其在四十歲以下年輕選民，受過大學教育，以及中間獨立選民，實力不可低估。

較之2016年總統大選，蔡英文在選前八個月，民調一路維持領先，今年兩大政黨提名迄今未塵埃落定。即使不久即可呼之欲出，但是共同面對第三勢力的柯文哲。鹿死誰手未定之天，2020年總統大選仍有一段時間，呈現撲朔迷離。

8 柯文哲如果當選政府怎樣運作

　　距離2020年總統大選僅剩九個多月，可是截至目前，兩大主黨尚未提出正式候選人，代表第三勢力的柯文哲也未鬆口，宣布正式角逐總統大位。民進黨蔡英文、賴清德，何者脫穎而出，如果協調不成，正式進行全民調，賴出線機率較高。國民黨陷入如何徵召韓國瑜，兩位公開宣布爭取大位的朱立倫、王金平，被逐漸邊緣化，情何以堪，也為未來正式選舉，增添變數。

　　柯文哲網路聲量雖然下降，此趟訪美，雖然不似韓國瑜港澳深圳廈門行造成高潮，但理性發言、美國基本禮遇，沒有失分。民調顯示不再一路領先，輸給韓國瑜，與賴清德不相上下。可是仔細綜合近日各家相關民調結果，賴在本土意識濃厚選民優勢，韓有傾藍基本支持者，另加不滿民進黨、經濟生活下挫的選民。柯文哲則在中間選民，四十歲以下年輕族群、受過大學教育民眾，領先群倫。未來出現賴韓柯三強鼎立，韓應該有三成五到四成左右支持度，持續不墜。柯賴在其他五成五到六成以民進黨基本盤、中間選民、極度淺藍所構成的票源，相互爭奪。另外百分之五上下，可能第四組候選人取得，或投廢票。

　　柯文哲沒有政黨奧援，中央政府如何運作，這些問題如何克服，向社會大眾說明，將是柯是否勝選關鍵因素，賴強烈台灣獨立主張，仍然揹負民進黨三年多完全執政不力責任。雖然個人形象、市長、閣揆歷練，強烈本土認同者不會支持柯文哲。但是選舉末期，如果出現韓國瑜領先，柯文哲第二，賴清德殿後，前述五成五到六成的雙方票源，應會發生微妙變化，也可稱為棄保效應。

　　柯文哲如果在此狀況下當選總統，在立法院仍然國民黨、民進黨占了多數，總統、行政院等部門如何運作，是否極易陷入僵局，造成政治危機、政治不穩定，影響政府治理效能，公共政策不易推動。

　　柯如果當選，中央政府怎樣運作，其實在現行憲法規定之下，仍可找到具體可行良策。世界民選總統國家，法國雙首長制，奧地利、愛爾蘭以及東歐共黨解體後多數民主轉型國家，均是總統民選，卻由總統任命總理負責行政大權，實際運作行政部門。總理及內閣閣員，有的兼顧國會政黨生態，泰半則是考慮是否專業能力、領導能力、執行能力、品德操守、回應民意能力、胸襟開拓廣納菁英等所謂一流內閣。

　　我國現行憲法，總統民選，對外代表國家，擁有國防、外交、大陸政策主導權。其他經濟、內政、財政、教育等攸關人民福祉，均由行政院及各部會負責。總統民選之後，當選總統由於人民期許，兼任政黨主席，強烈使命感，權力責任考量，普遍出現強勢總統，弱化行政院長及部會首長。造成多頭馬

車，政令多門，文官無所適從，行政效率不彰，人民怨聲載
道，蔡政府即是顯例。

　　柯文哲如果當選總統，強化國家安全會議陣容，好好規劃
國家安全大政方針，其他重大政策委由行政院長肩負全責。邀
集各界優秀人士，組成大聯合政府。超越藍綠，打破長期統
獨、政黨私利等耗損國力的狀態。峰迴路轉，柳暗花明，何嘗
不是一種契機。

9 近距離觀察民選總統

2020年總統選舉氣氛愈來愈濃厚，民進黨即將進行總統黨內提名作業，國民黨通過黨內總統初選辦法：民調及黨員投票（7：3）。台北市長柯文哲是否參選，尚未確定，但是觀察他的諸多動作，參選機率不低。

1996年台灣首度舉行總統全民選舉，已經產生四位總統：李登輝（1996-2000）、陳水扁（2000-2008）、馬英九（2008-2016）、蔡英文（2016-迄今）。民選總統係國家元首，具有法律及民意基礎，任內所作所為攸關國家走向、全民福祉、重大公共政策、中央政府重要人事等。討論總統的學理、生平事蹟、施政得失、歷史定位等不勝枚舉。作者根據近距離的觀察，提出個人一些心得。

1981年任東吳大學社會系副教授，認識社會研究所祕書李安妮（李登輝女兒，李時任台北市長，不久轉任台灣省主席），此種因緣認識以後出任總統的李登輝先生。李任總統期間，1993年之前，僅有2次與一些學者赴總統府與李總統晤談，包括1990年百合花學生運動，學生抗議萬年國會大規模靜坐示威。期間李總統邀請包括作者在內約十位學者進行長達四小時國事座談。1993年之後，有較多機會與李總統在官邸會晤談話，包括在滿室書籍的房間。對於李先生治國理念、人生哲理、一些重要政策，有深刻了解。李先生博學多聞、個性坦然、暢所欲言、對於國事充分的掌握。

1994年有關總統直接民選的推動，除了在當時國策中心，與一些朋友共襄盛舉。李先生責成當時國民黨中央政策工作會，委託作者研析包括總統直選、未來可能的中央政府體制，分析各種體制（總統制、內閣制、法國式雙首長制）的利弊得失。當年國民黨內部仍有直接選舉及委任選舉之爭，李先生的堅持，終於確定總統直接民選。該段時間，由於親身參與，印象深刻。

1970年就讀台灣大學經濟系，陳水扁是同期法律系，大二主編台大法言，大三負責台大大學新聞社。陳雖然未參加出版社團，但他大學期間高考及格、成績突出，在法學院頗為人知。透過他的室友常常跟他邀約稿件，泰半是法律方面的文章。1981年陳當選台北市議員，偶爾在一些場合會面交談。1989年陳擔任立法委員，與他有更多互動，1994年陳水扁出任台北市長，作者先後出任研考會主委、副市長。在他領導之下，共同推動台北市政，互動頻繁。

陳的領導魄力、充分授權、勇於承擔責任、突破創新，為台北市政締造佳蹟，也奠基角逐總統的基石。市政府四年期間，身為副手，對於陳總統的為人處事、領導風格、政治理念、行動哲學，自有深刻了解。市長卸任之後，競選總統期間及勝選之後，仍然蒙其器重，負責國政藍圖規劃、接任政府事宜。2000年作者出任行政院研考會主委，尊重體制，不宜動輒晉見總統。除了正式場合，也許市政府時期的共事經驗，與陳總統單獨晤談國事機會甚多。

2004年作者轉任考選部長，單獨晉見總統次數較少，曾經有機會轉任總統府祕書長，最後擦身而過。陳總統的八年表現，歷史自有評論，卸任之後七年牢獄之災，扁案仍然聚訟紛紜。2012年曾經公開撰文特赦阿扁，2015年陳保外就醫，不久即赴高雄探視，彼此交談，許多往事記憶猶存。

至於馬英九總統，雖有建中、台大同學之誼，但是政治角色迥異，沒有私人互動。馬也曾經任職台北市政府、行政院研考會，工作或公共場所難免互動。2008年之後，僅有一次在公開場合晤談。蔡英文總統哥哥是作者大學認識的好友，蔡大一曾經加入台大新聞社，當時作者擔任社長。2000年之前，與蔡幾乎零互動，該年五月，扁政府成立，蔡出任陸委會主委，同棟大樓上班，工作也有若干互動，但是未曾單獨晤談，沒有太多印象。2008年蔡出任民進黨主席、兩度參選總統，除了若干公開場合見面打招呼，2012、2015年，與幾位朋友兩度受邀到蔡家交換意見。對於蔡的觀察，除了行政院四年的共事，其他也是媒體等途徑，無法妄下定論。

民選總統的重要性不言而喻，有機會與兩位民選總統互動密切，應是因緣際遇，也多了一些了解國事的機會。

10　民選總統：我見我思

　　2020年總統大選已經成為全國矚目的焦點，蔡英文總統代表民進黨角逐連任，十之八九成為事實。國民黨方面，初選辦法正式頒布，但是為了勝選，醞釀支持高雄市長韓國瑜參選的聲浪必會有增無減，國民黨最後由誰出線，仍是未定之天。至於台北市長柯文哲，觀察他的一舉一動，柯粉的欲罷不能，中間選民、年輕世代的動向思維，蔡英文民調支持度甚難大幅回升，憂心台灣前途本土意識濃厚者可能另覓新人，柯角逐總統機率不低。

　　台灣處在瞬息萬變的國際政治經濟情勢，中國大陸對台灣明顯立即的壓力，習五條、一國兩制、中國統一等框架，作為國家領導人的民選總統，如何理性務實因應，既能秉持立場，捍衛台灣人民現有的民主自由人權制度，又能降低人民的憂慮不安。坦然而言，目前民進黨與國民黨有意角逐總統的參選人，所提出的談話政策內容，均有失之偏頗之處，無法完全取信於廣大民眾。

　　台灣內部政治、經濟、社會等問題層出不窮，亟待有睿智、價值理念、國際視野、領導才能、親和及溝通能力的民選總統。用對人擺對位置，任用有魄力、高瞻遠矚的政務首長，領導常任文官，制定可長可久、反映民意、沒有政黨一己之私的政治、經濟、教育、社會等公共政策。

蔡英文政府可以隨心所欲，透過立法、行政部門命令及政策規劃，充分兌現政見、施政理念。可惜諸多因素，蔡政府民意支持度日愈下滑，人民怨聲迭起。軍公教年金改革，過程手段結果造成退休軍公教人員及家屬的反彈。一例一休制定，勞資雙方均不滿意，抗議此起彼落。兩岸緊張對峙，邦交國下降，外交失利，人民感受經濟生活受到影響，貨出去、人進來、高雄（如改為台灣亦然）發大財，韓流現象反映民心動向，不言而喻。環境保護衍生諸多爭議：汽機車汰換，燃媒發電何去何從。能源政策針鋒相對，核電存廢，風力、太陽能等綠能方案是否不切實際，造成人民缺電及電價上漲等疑惑。

民進黨政府三年用人方面，受到不少詬病，同溫層太多、集中某些派系、專業性不足、領導能力欠缺、胸襟狹隘。加上不能善用常任文官的專長，無法引進散佈在學校、智庫、企業、民間社會的人才及真知灼見。

人民企盼生活品質、安全穩定的政治經濟社會環境，兩岸降低對峙避免升高衝突，尤其年輕世代的永續未來。民進黨主要從政人士應該虛心反省，作為中央政府執政黨，自己的優勢及劣勢，特別是劣勢不足部分。包括心態方面，執政者沒有抱怨的權力，不宜凡事諉過，有察納雅言胸襟，對於各種異見、在野黨及團體個人，均應尊重。行事作風及決策模式避免一意孤行，前後不一；居高位者的言語舉止，要有風範高度，與現實不脫離，黨籍民代若干的酸言酸語，毫無必要，有損執政政府形象。

2020年年總統大選，國民黨來勢洶洶，但內部矛盾，充滿變數。民進黨形象能否短期翻轉，柯文哲是否參與，人民對於藍綠政黨長期對峙的不耐，均值得探討。台海形勢兩岸發展，影響人民福祉至深且鉅，安全和平及民主自由人權，如何兼顧，人民引領企盼，有良知、遠見的總統候選人，不能辜負人民期待，相信理性選民更會智慧抉擇。

11 國民有權對總統參選人課責

　　立委補選告一段落，選舉結果對於明年總統大選有諸多影響。此次立委補選民進黨維持原先新北市三重及台南市，國民黨保住彰化縣，金門縣由無黨籍人士當選。被視為2020年總統大選前哨戰的立委補選，民進黨止血小勝，國民黨及韓流，挾去年九合一選舉大勝旋風，欲再下一城，事與願違。對國民黨有當頭棒喝警惕作用，韓流也暫時被稍稍阻遏。此一結果改變近三個月政局走向，民進黨士氣重振，元氣回復，國民黨沈浸上次選舉勝利的迷茫，必須醒來面對事實。韓風的強弱變化，取決韓國瑜個人及韓粉動向。至於上述變化是否成為2020年總統大選重大因素，言之過早，不可小覷。

　　國際政治經濟情勢變化，中國大陸對台灣文攻武嚇，民選總統必須理性務實因應。捍衛民主自由人權制度，降低人民的憂慮不安。有意角逐總統的參選人，有責任向人民提出具體政策。包括兩岸和平協定、是否接受九二共識、協商一國兩制、維持兩岸和平共處等攸關台灣人民福祉的論述，均有待充實。

　　蔡英文總統針對年初習近平有關對台談話（九二共識、協商一國兩制、不排除使用武力、擴大惠台、揭櫫民族大義等），有具體回應。強調維護主權、自由民主人權，反對一國兩制，只有民選合法政府有權與中國大陸協商談判。國家安全會議反制一國兩制台灣方案，計有7項指導綱領。維護台灣（中華民國）主權，民主自由人權，蔡政府決心，人民不會質疑。但是兩岸如何互動，因應中國大陸可能武力犯台，運用各種途徑防範滲透，減低人民憂心。兩岸陷入對峙僵局，對於台灣經濟發展、和平穩定等，如何因應，民進黨政府應該給予人民確切的作法。

台灣內部政治、經濟、社會等問題層出不窮，唯有兼具睿智、價值理念、國際視野、領導才能、親和及溝通能力的民選總統引領國家，用對人擺對位置，任用有魄力、高瞻遠矚的政務首長，領導常任文官，制定可長可久、反映民意、超越政黨的公共政策。

改善生活品質、安全穩定的政治經濟社會環境，兩岸降低對峙避免升高衝突。總統參選人應向人民承諾，真正帶給台灣希望。自己的優勢及劣勢，劣勢不足部分，絕不逃避，坦然陳述未來執政的機會挑戰優勢威脅。胸襟開放，維持高度，凝聚國人共識，降低朝野對峙。

安全和平繁榮及民主自由人權，兩者兼顧；國家願景規劃，政府效能提升，人民引領企盼。良知、遠見的總統，帶領國家未來走向，國民有權對於總統參選人課責。民進黨在立委補選小勝，民進黨總統提名似乎已成定局，由蔡英文出線。國民黨不要只想著取得政權，宜有準執政的風度，目前公開角逐的黨籍人選，政治歷練豐富，也提出不少政策主張，早日正式提名總統參選人。政黨向黨員、人民負責，國民有權對總統參選人課責，包括主要政黨的可能提名人選，以及自行參選的人士。

12　民選總統任重道遠

　　被視為2020年總統大選前哨戰的立委補選，民進黨止血小勝，國民黨及韓流，挾去年九合一選舉大勝旋風，欲再下一城，事與願違。對國民黨有當頭棒喝警惕作用，韓流也暫時被稍稍阻遏。此一結果改變近三個月政局走向，民進黨士氣重振，元氣回復，國民黨沈浸上次選舉勝利的迷茫，必須醒來面對事實。韓風的強弱變化，取決韓國瑜個人及韓粉動向。至於上述變化是否成為2020年總統大選重大因素，言之過早，不可小覷。賴清德參加民進黨總統初選，形式上，民進黨總統提名採民主開放程序，依規定辦理。可是賴清德以卸任行政院長短短兩月，公然挑戰黨籍現任總統，即使在民主先進國家也相當罕見。

　　賴以台灣面對中國挑戰，為了捍衛主權民主，勇敢承擔責任，係他參加黨內總統提名的初衷。賴公開表示自己是務實的台獨政治工作者，政治主張鮮明，所以挑戰昔日老闆蔡英文總統，或許綜合考慮蔡英文三年執政，民意滿意度不佳，連任之路相當艱難。蔡與若干台灣本土社團互動不佳，蔡的維持現狀，包括對東奧正名、修改公投法進行制憲正名入聯等不表熱衷，惶論宣布法理台灣獨立。加上本土意識較濃厚的基層民眾憂心忡忡，深懼國民黨重返執政。中國對台灣無孔不入統戰，習近平年初對台五條談話，台灣受到立即明顯威脅。保障台灣主權、維護民主自由人權，本土基層、社團、政治人物引以為憂，視為迫於眉睫的重大課題。

其實保障台灣主權、維護民主自由人權制度，應是多數台灣人民的共識。只是有人使用中華民國、中華民國台灣。政治立場鮮明者或許反對中華民國、甚至中華民國台灣，但是共同面對中國大陸威脅，欲文攻武嚇統一台灣。一個中國、一國兩制、協商統一、高舉中華民族偉大，不排除武力犯台，利誘台灣人民，觸及台灣各角落。賴清德參選聲明，不少反映部分民意，也自我期許，展現政治人物的使命責任。可是賴所述及課題，蔡英文總統及朝野主要政治人物並非默不發聲，賴欲競爭對象蔡英文，或未來國民黨可能總統參選人：朱立倫、王金平、吳敦義、韓國瑜，也均有對兩岸互動、九二共識、中華民國主權、一個中國、一國兩制、兩岸和平協議等發言。

國際政治經濟情勢變化，中國大陸對台灣文攻武嚇，民選總統必須理性務實因應。捍衛民主自由人權制度，降低人民的憂慮不安。有意角逐總統的參選人，有責任向人民提出具體政策。包括兩岸和平協定、是否接受九二共識、協商一國兩制、維持兩岸和平共處等攸關台灣人民福祉的論述，均有待充實。

蔡英文總統針對年初習近平有關對台談話（九二共識、協商一國兩制、不排除使用武力、擴大惠台、揭櫫民族大義等），有具體回應。強調維護主權、自由民主人權，反對一國兩制，只有民選合法政府有權與中國大陸協商談判。國家安全會議反制一國兩制台灣方案，計有7項指導綱領。維護台灣（中華民國）主權，民主自由人權，蔡政府決心，人民不會質疑。但是兩岸如何互動，因應中國大陸可能武力犯台，運用各種途徑防範滲透，減低人民憂心。兩岸陷入對峙僵局，對於台灣經濟發展、和平穩定等，如何因應，民進黨政府應該給予人民確切的作法。

蔡英文在賴清德正式登記參選之後，選在太陽花學運五周年當天，重申她任內絕對不允許一國兩制，再次強調維護台灣主權及民主自由人權決心。坦然而言，台灣主權民主自由人權等維護，絕對不是單一政治人物或政黨的專利。或許政黨或政治人物比較熱心，提出的對策方案比較符合民意及現況。當然也許政黨或政治人物自我期許，自忖道德價值、理想等較與眾迴異，認知判斷主張優於其他人。可是一肩挑起，並批評別人不是，也要小心謹慎，否則自取其辱。例如民進黨部分人士口口聲聲將台灣主權、民主自由，與民進黨劃上等號。一付捨我其誰非我莫屬，忽略主權民主全民所有，正常狀況，大家想法、理想、行動，沒有太多差別。

除了主權民主自由等根本課題，台灣內部政治、經濟、社會等問題層出不窮，唯有兼具睿智、價值理念、國際視野、領導才能、親和及溝通能力的民選總統引領國家，用對人擺對位置，任用有魄力、高瞻遠矚的政務首長，領導常任文官，制定可長可久、反映民意、超越政黨的公共政策。

　　改善生活品質、安全穩定的政治經濟社會環境，兩岸降低
對峙避免升高衝突。總統參選人應向人民承諾，真正帶給台灣
希望。自己的優勢及劣勢，劣勢不足部分，絕不逃避，坦然陳
述未來執政的機會挑戰優勢威脅。胸襟開放，維持高度，凝聚
國人共識，降低朝野對峙。

　　安全和平繁榮及民主自由人權，兩者兼顧；國家願景規
劃，政府效能提升，人民引領企盼。良知、遠見的總統，帶領
國家未來走向，國民有權對於總統參選人課責。民進黨在立委
補選小勝，民進黨總統提名由蔡英文與賴清德二擇一，國民黨
不要只想著取得政權，宜有準執政的風度，目前公開角逐的黨
籍人選，政治歷練豐富，也提出不少政策主張，早日正式提名
總統參選人。政黨向黨員、人民負責，國民有權對總統參選人
課責，包括主要政黨的可能提名人選，以及自行參選的人士。
民權總統任重道遠，台灣沒有例外。

第四篇
———
2016年歷史殷鑑

1　民進黨的外交政策何在？

　　2015年蔡英文訪問美國之際，南海主權爭議升溫。馬英九總統日前提出南海和平倡議，主張在維護我國對南海主權下，希望各方擱置爭議，致力追求和平、互惠與共同開發，期使南海與東海均成為和平與合作之海。美國國務院表示欣賞，民進黨祕書長有關日本質疑馬總統東海和平倡議，引起總統府批評。民進黨主席蔡英文則表示絕不放棄太平島主權，主張以和平手段處理南海主權，不能接受任何挑釁行為。

　　民進黨曾經在中央政府執政八年，本來應有一套國家安全及外交政策，可是在野七年，迄今尚未有因應國際環境變遷的明朗外交政策。台灣特殊國際環境，中國大陸因素，國家認同的爭議，本已外交孤立的不利局勢，朝野政黨仍未能攜手合作，一致對外，令人擔憂。民進黨若干人士仍掉入在親美親日與傾中的抗拒之間，其實國際關係的變化，已非如此。即使最近美國與中國在亞投行、南海問題等，有針鋒相對的現象，但是兩大國家的既對抗又必須合作的架構，已經定型。

　　台灣夾在美中之間，不可能完全偏向一方，才是符合國家利益。制定外交政策，確保國家安全及利益，大前提相當清楚。包括對美、日，或東海、南海等政策，朝野政黨沒有分歧的理由。與外交政策相關的國際經濟合作，例如參加TPP、RCEP、亞投行等，亦然。民進黨雖然法政人才多於財經人才，但是真正擅長國際政治經濟者，屈指可數。涉外活動除了明晰的外交政策，另需涉外經驗、能力，民進黨更待加強。

民進黨智庫花費不少心思，陸續完成國防藍皮書，雖然在成立第四軍種網軍及募兵制的模糊化等，遭到詬病，但仍然表示該黨用心及具體主張。相對而言，該黨外交政策未清楚表達，應與大陸政策仍然標示維持現狀，未能更清楚敘述有關。其實兩黨外交，十分正常，民進黨不必標新立異。台灣國際政治經濟人才，十之八九超越黨派，分布在大學智庫、民間團體、企業界。正式外交、經貿人員，更值得兩大政黨珍惜。

民進黨在2000-2008年中央政府執政期間，國家安全及外交系統，雖然晉用一些人員，可惜仍不少意識形態掛帥，又受制於總統個人己見，未能發揮專長。未能善用既有外交及經濟貿易人員，更是可惜。講求輩份經驗的外交系統，破格用人，無可厚非，但是未能令多數人心服口服，引起反彈，得不償失。民進黨務必記取教訓，避免重踏覆轍，外交、財經等專業領域，自己人才不足，唯有與文官系統、超黨派學者專家、實務界人士等密切合作。

包括大陸、外交、國防等國家安全政策，攸關全民福祉、國家發展，民進黨有機會重返執政，一定要負責任向全國人民、國際社會，說明該黨的相關政策及具體方案。

2 政治人物的等級區分

　　國民黨中常會正式核備洪秀柱代表國民黨參選2016年總統，洪在國民黨A咖踟躕不前之下自告奮勇，弄假成真。原本被稱為B咖、甚至C咖的她，有人認為已提升為名實相符的A咖。政治人物如何等級區分，令人好奇，頗值正視。

　　政治學者對於政治權力結構的研析，哪些人享有政治權力，約有職位、決策、聲譽三種分析。政治職位（以正式為主，有時納入非正式），係判定政治人物權力的基石。愈民主法治社會，政治權力源自法定政治制度，政治職位與政治權力高度相關。以國內當前政治為例，王金平、朱立倫、吳敦義等，被視為國民黨的A咖，部分因素應該與他們在政壇打滾多年，歷經重要黨政職位有關。民進黨昔日所謂天王（后）亦然，因為曾任副總統或行政院長。

　　決策影響力也是判定重要指標，愈民主法治制度，職位與決策影響力密不可分，職位愈高，決策影響力也愈大。但是有些職位不一定與決策影響力有關，位高權不重，或是位不高權重。加上不同政治人物在相同政治職位表現大異其趣，決策影響力大相逕庭。同是五院院長，行政院長的決策影響力高於其他四院，部會首長主管部會不同，決策影響力差距不低。以目前行政院為例，經濟、國防、財政、內政、交通等部長的決策影響力超越其他部會首長。

位不高權重，甚至未有正式職位，決策影響力不可低估的現象，古今中外十分普遍。政府首長周遭的親信，有些享有實際決策影響力，中國古代宮廷的外戚宦官。現代國家首長的機要、助理等。例如美國白宮內部各種顧問委員會（尤其國家安全會議），助理的影響力不可小覷。

聲譽分析比較著重其他人的主觀判定，哪些政治人物被一般大眾、相關人士視為具有政治權力。現代民主政治，選舉制度部分反映政治人物的聲譽及政治權力。聲譽的基礎不一，個人的政治表現、領袖魅力、有計畫的自我塑造等。聲譽分析有時與事實不符，卻可能成為事實，由於聲譽取得政治權力及政治職位，或擴大決策影響力。專業能力，行政及領導力，個人長期政治表現等，係聲譽的主要因素。

單一因素判定政治人物的等級，均有掛一漏萬之處，因此綜合三個主要因素，判定政治人物政治權力的多寡，等級的區分，受到政治學者普遍採用。國內曾有類似的研究，近年來已經罕見。A咖、B咖、C咖等區分，有時一清二楚，極易判斷，有時則宜運用比較客觀的基準加以分析。

網路時代、媒體的多元化，政治人物速起速落，政治素人的柯文哲短暫之間，成為政治英雄。如果運用前述三種指標，完全無法評估，但是政治人物仍然是需要長期累積能力，政治人物的等級區分，政治學者的分析判定，依然可以適用不少國家、年代。

3 維持現狀：為什麼？什麼？如何？

　　蔡英文啟程訪問美國，她的兩岸政策倍受矚目，私下或公開場合，對於所謂維持現狀，或許會有更詳細說明。

　　小英提出兩岸維持現狀，確保台灣海峽及西太平洋的和平穩定，美國官方反應尚佳。包括中國對台辦、馬英九總統等，則要她針對何謂維持現狀、如何維持現狀，更具體說明。部分在野陣營亦然，除了各自解讀，有人認為維持現狀重點在內涵，有人則主張如何維持現狀才是重點。

　　其實受過比較嚴謹訓練者，均有一套方法論的SOP，任何問題的處理不外乎三步驟：Why（為什麼？）、（What）是什麼、如何達成（How）。維持現狀（status quo）在國際政治被廣泛引用，美國對外政策擅用維持現狀一詞。因為美國是既存霸主，冷戰時期又是世界警察，打破現狀，對美國不利。任何打破現狀的作法，或多或少使用非和平的暴力手段，美國疲於奔命。

　　二次大戰之後，東西陣營壁壘分明，美國的圍堵戰略當然以維持現狀為主。經過後冷戰時期，蘇聯解體、中國崛起，國際政治經濟瞬息萬變。可是在全球，尤其亞洲太平洋地區，美國圍堵中國對外擴展的戰略依在。美國的亞太再平衡策略，最近在南海與中國針鋒相對。美國中國兩大勢力的既對抗又合作的架構，與冷戰時期美蘇互動，有異曲同工之妙。

　　台灣夾在美中之間，中國對台灣政策一清二楚，反對台灣獨立，一個中國。美國對台政策也昭然若揭，維持台灣海峽現狀，不希望台灣走向法理獨立，引起兩岸武力衝突。因此樂見台灣與中國互動、和平共處。任何主掌台灣政府的領袖及負責任政黨，不能隨心所欲，只有運用智慧、民意，制定理性、符合全民福祉的外交、大陸政策。

　　小英為何提出維持現狀，不言自明，歷年來有關台灣前途的民意調查，維持現狀均是主流民意，國際現象亦然。本來現狀只有一個，但是詮釋不同，有如大象、森林均只有一個事實，但是瞎子摸象或見仁見智。台灣長期現狀，兩岸分屬不同政府，但是國際社會承認中華人民共和國，中國大陸宣稱台灣是中國一部分。台灣未能取得國際地位，國民黨宣揚九二共識，一個中國各自表述。中國大陸引用九二共識，一個中國反對台獨。

　　經濟社會不斷演進，現狀應是動態的，未能因應調整的政府架構、涉外政策，遲早要改弦易轍。台海兩岸互動型態改變不少，只是中國大陸以大凌小，不願意放棄對台灣主權宣示，希望有朝一日不用武力取得台灣。長期策略影響短、中期措施，但是中國大陸短、中期對台措施，除了防止台灣獨立，其他秉持現實主義，與美國、不主張台獨國民黨政府合作。中國大陸在小英明年可能贏得大選前夕，力陳維持九二共識、反對台灣獨立，否則天搖地動，不難理解。

　　至於如何維持現狀，不必然接受九二共識，但也不公開反對九二共識。對美國、中國大陸或明或暗承諾不實施法理台獨。對台灣人民而言，足夠自我防衛力量，維持既有民主自由體制，與美國、日本等民主國家良好交往，善盡國際成員義務。與中國大陸務實交往，充分溝通，民進黨國家元首有更多籌碼與中國大陸談判（比較不會被批評出賣台灣人民利益）。

4　台灣的外交空間與國際地位

　　蔡英文正式被提名代表民進黨角逐2016年總統大選，若干媒體及國民黨人士刻意渲染小英避重就輕，對於兩岸政策、九二共識等，不願意公開表態。小英以超越國共框架、在人民意志、兩岸監督條例規範之下，進行常態性兩岸互動。維持現狀、鞏固西太平洋穩定和平。這些做法十分明智，引起部分不同意見者的批評不滿，不言而喻。國人對於兩岸互動、台灣前途，缺乏共識，人言言殊乃是民主多元社會的常態。可是國家認同的差異，不可低估其負面作用，國家意識分歧，不但缺乏團結一致精神，可能引起政治衝突升高。

　　中國大陸的因素，係國人國家認同等分歧的主因，雖然主張未來或立即與中國大陸統一的比例甚低。自認為台灣是主權獨立國家的比例與日俱增，但是礙於中國大陸的可能軍事行動，以及美國希望台灣海峽維持穩定和平。台灣從事實獨立朝向法理獨立，困難重重，不少國人心知肚明。因此維持現狀的比例居高不下，不戰、不統、不獨，仍有不低支持民眾。

　　國家構成要素：人民、領土、主權、政府及國際承認。國際承認包括以主權國家參加國際重要政府組織（例如聯合國等）、重要國家的正式外交承認。國內一些人所謂法理獨立包括：更改國名、向國際社會宣布台灣是新獨立國家等。這些行為有國內政治意義，但如果未能取得國際承認，不但付出昂貴代價，也未能達成主張台灣獨立者的理想。台灣與香港迥然不同，台灣有自己的民選政府，非中國大陸管轄，又有美國等長期戰略夥伴等關係，台灣海峽屏障，經濟社會不依賴中國。

但是不能以主權獨立國家參加重要國際組織，正式邦交國屈指可數，十之八九中小型國家。參加WTO、APEC、亞洲開發銀行等，僅能以經濟體參加，不能使用正式國家名稱。外交空間受限，國家地位受損，主因當然中國大陸認為台灣是中國一部分，以大國之尊影響國際組織、其他重要國家。台灣人民此種無法獲得國際承認的損害及相對剝奪感，四十多年來經過國人共同努力，部分改善。

國際非政府組織，台灣加入不少，使用名稱避免成為中國大陸一部分，實質外交力量尚可告慰。

國際區域經濟組織，台灣經濟實力仍列全球三十名左右，WTO、APEC，美國主導的TPP，中國大陸及東協為主的RCEP，均有機會加入。中國大陸主導的AIIB（亞洲基礎投資銀行），為何積極參加，有不少政治經濟意義。台灣與中國大陸在地理、經濟、社會交流等息息相關，中國大陸的茁長，對於台灣當然壓力加大。台灣六十年來處在美國、中國大陸之間，如何運用智慧，夾縫中爭取最佳利益，台灣人民及有效能的政府，應該耳熟能詳。

七年來兩岸簽訂二十一項協議、擴大經濟社會互動，在中國大陸默認台灣邦交國不變（甘比亞應是該國政府判斷有誤）。兩岸正式部長會談，台灣外交空間與國際地位，當然自己爭取，有人甚至以請鬼拿藥單形容期待中國大陸的比較友善政策。但是國際政治經濟環境日新月異，美國、中國大陸的國力不可視而不見。台灣人民有理想價值及強烈意志力，綜合國力不低，累積過去的努力，將台灣的外交空間與國際地位的訴求，由往昔片面仰賴美國等，採取更彈性策略，直搗核心，兼向中國大陸談判。

　　事實獨立與法理獨立有不少差別，但是外交空間與國際地位等國際承認，完全實力原則，不是自己宣布即可如願以償。作為國家領導人任務之一，就是擴大外交空間，提高國際地位。蔡英文國際歷練豐富，理性客觀，又深具本土之愛，係值得信任的國家元首。

5　中國大陸與國、民兩黨關係

　　中國國民黨主席朱立倫率團出席在上海舉行的國共論壇，並赴北京與中國國家主席、中共總書記習近平會面。民進黨主席蔡英文強調國共關係不是兩岸關係。朱立倫回嗆國共關係是重要的政黨間往來，兩岸間可有國共關係，當然也可以有民共關係，為何缺了這一塊？

　　台灣與中國大陸特殊關係，既非純內政問題，也非國家與國家之間的外交關係。中國共產黨係中國大陸的執政黨，迄今一黨專政。台灣則是民主自由國度，人民有結社集會自由，政黨林立，國民黨、民進黨為兩個主要政黨，目前國民黨主政。但是國民黨主席與總統分屬不同人出任。國民黨與共產黨恩怨糾葛將近九十年，1949年共產黨擊敗國民黨統治中國大陸。蔣介石在台灣建立國民黨政權，以法統自居，剝奪台灣人民自由權、參政權，宣揚反共教育。

　　國際現狀改變，中國共產黨的國力崛起，台灣的民主化，民進黨在2000-2008年中央政府執政，國民黨一度在野，中國大陸堅持台灣是中國一部分，反對台灣獨立。與民進黨主政政府交惡，2005年除了通過反分裂法，當時胡錦濤總書記與國民黨主席連戰會晤，展現國民黨、共產黨的互動新頁。2000年民進黨贏得總統大選，國民黨塑造九二共識，一個中國各自表述。中國大陸力持一個中國，胡連五原則之後，順便接受九二共識，等於給予台灣框架。

馬英九政府以九二共識係一個中國各自表述，與中國大陸展開兩岸和平共處，務實處理雙方問題。二十一項協定，擴大海基會、海峽會談判，對台辦主任與陸委會主委部長級晤談。中國大陸在國際現況及自身國內問題叢生之下，暫時無力解決台灣問題，一中大原則，避免台灣獨立。除了要求美國約束台灣政府不可採取朝向法理台灣獨立行動，與中國國民黨政府不統、不獨、不武策略謀合，九二共識成為共同訴求。

去年10月習近平接見國內統派團體時，一度以一國兩制取代，數月之後又回復九二共識。去年11月29日國民黨在選舉挫敗，民進黨可能在2016年總統大選獲勝，重返中央政府執政。中國大陸、美國等，均不樂見民進黨如果掌握中央政府，有所謂破壞現狀（例如朝向法理台灣獨立的措施，陳水扁主政訴求一邊一國，李登輝主政特殊國與國關係；兩國論入憲、變更國家地位、名稱等公民投票）。

中國大陸國力，美國重返亞洲策略，中國大陸、美國、日本等既合作又對抗的微妙互動。台灣夾在其中，如何維持國家安全及國家利益，本來就需要高度智慧，凝聚國人的意見，樹立基本共識。可惜國民黨、民進黨及其主要支持者，部分受制於政黨利益、意識型態，堅持己見，相互抨擊，令人親痛敵快之憾。

　　小英代表民進黨角逐總統大位，她長期歷練，深諳美國、中國大陸等政策走向，因此提出維持現狀，保持台灣及西太平洋和平穩定。對於九二共識既不挑戰，也不表態支持。中國大陸雖不滿意也不能挑剔，國民黨、統派人士及媒體，在民進黨、蔡英文、九二共識、習近平宣稱兩岸可能出現地動山搖等大做文章。一方面防止民進黨執政可能出現台灣獨立措施，也是選舉的策略。包括馬英九質疑蔡英文何謂維持現狀？如何維持現狀？

　　在正常狀態，台灣與中國大陸係以小搏大，台灣內部主要政黨應該拋開私見，齊心協力攜手合作，一致對外。可惜事與願違，反其道而行，國家認同的差異，長期累積的藍綠對抗，缺乏政黨協商文化，即將舉行總統大選等，均是原因。柯文哲突起，代表台灣人民不希望國、民兩黨惡鬥，尤其攸關全民福祉的國家前途、兩岸關係等。國、民兩黨最具智慧的作法，應當各自扮演黑白臉，但是適可而止，掌握分際。兩大政黨與中國共產黨多方溝通，謀求台灣人民共同利益，國人樂觀其成。

　　中國大陸與台灣互動談判，台灣籌碼相對有限，國內政黨如果自損力量，必遭人民唾棄。小英民調領先，也有能力超越民進黨格局，提出務實兩岸政策。國民黨過去七年與中國大陸樹立的兩岸和平共處、有效交流等，也有目共睹。對主要政策針鋒相對，係民主常態，但過猶不及，台灣在國際環境、中國崛起、兩岸互動頻繁等，可能的選項一清二楚。負責任的政黨，不宜擴大渲染，混淆民眾認知，民智已開的台灣，中國大

陸，與國民黨、民進黨，不是三角互動，而是雙邊關係，才符
合台灣人民福祉。

6 民進黨與第三勢力

　　民進黨選舉對策會為了區域立委的提名作業，絞盡腦汁，在艱困地區如何徵召優秀黨員參選，抑與第三勢力合作，共同推薦人選。去年九合一選舉結果，柯文哲現象，以及政黨弱化趨勢，民進黨如何把握機會，與第三勢力合縱連橫，在立法院席次擴增，否則即使贏得總統大選，重踏2000-2008年覆轍，國民黨等仍掌握立法院半數以上席位（2001年泛藍超過半數），行政部門動輒得咎，無法順利推動政務。

　　立法委員選舉採單一選區兩票制，去年底九合一選舉，國民黨得票率大幅下降，民進黨增加不少。但是柯文哲在台北市異軍突起，雖然部分因為民進黨未推派人選，但是他的選票絕不等於民進黨。民進黨在縣市長的得票也不可能全部化為區域立委。中間選民比例增加，年輕選民認人不認黨，淺藍選民放棄投票或支持中間派候選人。此種投票模式改變，在明年立委選舉，應該不會變化。

　　英國國會議員選舉，也出現此種現象：兩個主要政黨（保守黨、工黨）總得票率下降，第三勢力（獨立黨、蘇格蘭黨）得票率增加。年輕選民支持第三勢力比例不可低估，但是認人不認黨，原先代表第三勢力的自民黨式微。紐約時報一篇報導指出，兩大政黨支持率由數十年前的九成，降為六成，第三勢力紛以不同面貌出現。不僅是英國政治的寫照，也是歐洲主要民主國家的共同趨勢。政黨弱化，政黨認同選民比例降低，尤其年輕選民，抗議性投票，積極參加，以政策為投票支持考慮。

　　台灣的太陽花學運，網路社會的成型，選舉趨勢及政黨政治可能發展，均充滿變數。台灣的民主政治、政黨型態，均待充實。政治文化、政治行為與民主先進國家迥異，又處於特殊國際地位，中國大陸因素，兩岸特別關係，人民國家認同分歧等，選舉模式，政黨政治變遷，均較難完全掌握。國民黨力量下降，民進黨相對支持度上升，但是總統選舉或許占了便宜，立法委員選舉，則不能如願。

　　民進黨內部角逐者眾，包括艱困選區，黨員當仁不讓。第三勢力以近年崛起的公民組合為主，分成時代力量及社民黨。他（她）們爭取多少年輕選民、中間選民或原淺藍支持者，尚待觀察不得而知。如果與民進黨協調不成，在區域立委選舉，對於民進黨必有不利影響。國民黨與民進黨四年前五五：四五比值選區，經過近年改變，可能改變為四五：五五。可是第三勢力瓜分，席位可能仍由國民黨籍取得。政黨選舉，則衝擊台聯，除非修改憲法，政黨門檻調降，但明年立委選舉仍適用百分之五門檻，直接或間接不利台聯及民進黨。

　　第三勢力迄未掀起類似柯文哲巨風，柯的高智商、飽讀書籍、作風與長期台灣政治人物大相逕庭、快狠準決策模式，本

來就不常見。目前第三勢力推薦人選,部分在都市地區,可能
獲得較多支持。民進黨如果沒有適當人選,應該優先支持。例
如台北市一些選區,三年前民進黨提名或支持者,實力薄弱,
間接影響總統選舉。此次黨內角逐者,不少去年底剛剛當選連
任市議員,也不宜提名。

　　民進黨與新崛起第三勢力如何分進合擊,攸關明年立委選
舉,影響國會未來四年運作。第三勢力並非等於新興公民組
合,新黨、親民黨等非國民黨的泛藍支持者,也不可低估,也
有一定實力,並可能接收部分從國民黨分離的選票。這些廣義
的第三勢力,民進黨為了贏得總統大選,均須掌握。

7　國營企業與地方政府

　　繼雲林縣政府訂定禁止使用生煤及石油焦自治條例，台中市政府也決定制定自治條例管制生煤及禁用石油焦。首當其衝是台中火力發電廠，該廠係全國最大發電廠，占全台供電量約百分之十九。

　　地方政府摃上國營企業的情事，屢見不鮮，尤其民進黨執政的縣市政府。高雄市政府欲制定自治條例，要求在高雄設置石化管線的經營者，總公司必須設在高雄市，否則停止管線使用。高雄市政府與中國石油公司的恩怨累積，去年前鎮區地下管線大爆炸，造成嚴重市民傷亡，達到高峯，高雄市政府為了營業稅收等因素，一直要求中油總公司遷入高雄。不久前，座落屏東的台電核三廠發生火災，未立即通報屏東縣政府，引起屏東縣政府不悅，嚴詞譴責，並課該廠高額行政罰款。

　　地方政府針對國營企業的缺失，尤其在該地造成損害，提出管制措施，本是理所當然。但是民主法治國家，中央政府與地方政府職權分際，地方政府的職權，法律明文規定。地方政府一些逾越職權的自治條例，沒有約束力，行政院不會核定，而且從國家總體發展評估，不可不慎。當然包括國營企業及中央主管部會，不能僅稱地方政府訴求違反，完全置之不理，任長期陳疴依在。務必主動積極，與地方政府充分溝通，齊心協力改善現況。

　　包括水電石油瓦斯等攸關人民生活福祉、經濟成長、環境生態等企業，由於具有公用性，數十年由國營企業獨占經營。石油法、電業法等，推動自由化、民營化，發電、輸電、配電逐漸分離，發電逐步自由競爭。石油相關產業亦然，但除了台塑石油，中油仍一枝獨秀。自來水方面，台北自來水事業處，金門、馬祖地區之外，台灣地區由台灣自來水公司負責。

　　台水公司成立的背景比較特殊，由各縣市水廠合併，迄今仍有縣市政府股份，全台分十二區管理處，與縣市政府互動良好。以此次缺水限水為例，相關縣市政府、經濟部水利署、台灣自來水公司，溝通不錯，值得肯定。台水公司的管線維修、供水狀況、水質良否、水源保護區回饋、高地及偏遠地區供水等，與地方政府息息相關。從隸屬台灣省政府，精省之後改隸經濟部，一直與地方政府互動頗佳，值得台電、中油等參考。

　　台電、中油均規模龐大，專業性不低，長期壟斷經營，管線、輸配電系統等，偏佈全台。生產過程易滋污染、公共安全等，例如核能發電、生煤發電、煉油等。兩大國營企業本來封閉性頗高，與人民、地方政府等互動，若干缺失，隨著台灣民主化，中央民代全部改選，地方政府自主權提高，人民權益意識抬頭，已有一些改進。兩大國營企業對於地方的回饋方案不少，對於立法委員協調事項，也有目共睹。但是包括督導的經濟部，以及台電、中油，仍然過度技術本位，欠缺同理心，與地方政府針鋒相對，不能有效解決問題。

　　去年九項地方公職選舉，民進黨贏得十三個縣市，新科地方政府首長力求表現，動作不斷。國民黨執政的中央政府，以及長期國民黨色彩的國營企業，與民進黨縣市長、本土意識濃厚的社運團體（以環境保護團體為主），互信不佳，流於偏執的衝突，令人引以為憾。許多能源、環保等課題，均宜理性評估，找尋良策。民進黨曾在中央政府執政八年，明年重返中央政府執政機會不低。應該以宏觀格局思索問題，侷限地方一隅，或意識作祟，於事無補。

　　國營企業及督導的中央部會，不能昧於事實，或受到政黨左右。國營企業乃全民所有，必須超越黨派，以專業能力、企業精神，虛心與利害關係人的人民、團體、地方政府溝通協調。勇於任事，提出具體措施，取信於民。

8　民進黨的財經政策在哪裡？

　　蔡英文即將訪問美國，除了兩岸關係、大陸政策是否說服美國政府，蔡也表示，美方很在意台灣的經濟是否可以維持自主性，有沒有國際競爭力，以及對外擴張的能量。美方特別注意到台灣經濟發展有遲滯不前的情況，想聽一聽民進黨未來對台灣經濟發展的規劃與想法。

　　小英在明年總統大選獲勝機率不低，除了美國政府，台灣人民也很想多了解民進黨及小英的財經政策內涵，是否可以挽救台灣近年經濟不振的現象。民進黨以往被視為法政專家較多，財經人才相對而言，有缺乏之憾。民進黨在2000-2008年中央政府執政時，財經首長十之八九係非民進黨籍。此種現象似乎改善不多，除了政府角色等意識問題，包括財經政策在內的公共政策，本質超越黨派，是種公共財。重點在於執政者以開放胸襟，廣納企業界、學者專家、常任文官、基層民眾等意見。集思廣益，形成有益國家長治久安、符合最大多數人民福祉、提供中低收入者、年輕世代起碼生活所需的財經政策。

　　蔡英文雖非財經科系背景，但長期國際經貿談判歷練，主持大陸事務，係民進黨領導階層極少數尚諳財經發展者。擔任民進黨主席之後，也邀請昔日政務官、企業界人士、財經學者、社會團體代表，研商財經政策。2012年的十年政綱，今年四月接受民進黨提名發表找回自信，點亮台灣，均有若干財經策略。但是仍有不足之處，需要向國人清楚交待。

以訴求新經濟模式為例，創新、就業、分配、正義，本來就是任何財經政策目標，成長、穩定、分配，乃是經濟發展三大目標。焦點在於如何達成，政府扮演何種角色，用哪些財經政策，達成成長、分配、就業等理想。小英多次表示當選之後優先推動年金改革、新經濟模式、財政問題、能源政策、長期照顧體系、居住正義等。民進黨中央政策會、智庫也研析提出一些方案。但是以能源政策為例，意識形態濃厚，再生能源絕非輕鬆獲得。國土規劃、區域治理等亦然，不是大而無當的規劃而已。

立法院朝野政黨近日為了長期照顧立法爭議不休，民進黨以財源理由杯葛。因為高齡社會，長期照顧、長期照顧保險等立法，不容蹉跎歲月。而且核心在於政府角色及功能，攸關國家財政、世代正義、分配合理化的年金制度改革。民進黨財經政策必然面對大政府或小型政府等問題。面對資方、勞工，不同職業別、世代、階層，不能面面俱到，多方討好，但是需有核心理念、具體可行措施。

企業界實際經驗，常任文官及政府部門累積的政策能力，大學智庫的研究報告，均可彌補民進黨的不足。小英務必禮賢下士，如同拜訪成功企業家、工業總會、中小企業協會，責成核心幕僚，廣泛收集各界研究成果。成功的政府領導人，除了個人努力智慧、魄力視野、一流執政團隊、優秀的幕僚群，善用既有各界智慧結晶，更是不可或缺。人民期待未來國家領導人必須具備此種胸襟能力，包括財經政策在內的公共政策，制定、執行、績效評估，均宜如此。

9　QE是毒藥還是解方？

　　美國前FED（聯邦準備理事會）主席柏南克旋風式訪台，他任內三次QE政策，挽救美國經濟，但卻造成不少國家困擾，包括中央銀行總裁彭淮南均當面表達不滿。QE是毒藥還是解方，對美國及其他國家，不能相提並論。英國實施QE，作用不低，日本、歐盟的QE政策，效果待觀察。中國大陸以購買地方公債、降息的QE政策，正在進行中。

　　由於美國經濟規模占全球的百分之二十五，不少國家的外匯存底，以美元、美國政府公債等為主。因此美國政府的貨幣政策攸關全球金融市場、各國經濟狀況。2008年全球金融危機、2011年歐債危機，美國三度施出寬鬆貨幣政策，事實證明有利美國經濟。美國不但克服金融危機，而且經濟發展一枝獨秀，成為已發展國家經濟成長較佳的國家，尤其與日本、歐盟國家相對照。美國失業率由百分之九降為百分之五，經濟成長率維持百分之二以上。

　　美國政府的若干政策，例如小布希政府、歐巴馬政府積極推動的公共支出、企業回流、貿易倍增等。加上美國技術創新，尤其生技、電子產業領先群倫。均有助於美國近年經濟成長，可見三次QE政策功不可沒。寬鬆貨幣政策，提高美國人民消費能力，美元貶值有利大量進口。當然對於美國而言，也有一些後遺症，例如股市大幅交割，金錢遊戲，實體經濟未改善，非理性榮景，所得分配惡化。

對於全球金融市場更是衝擊甚大，美國政府大量印鈔票，國際熱錢四處流竄，匯率波動，資產泡沫，台灣的房地產價格飆漲，與此息息相關。彭總裁說QE副作用，讓我們很煎熬。管中閔前主委的質疑以鄰為壑，亦然。不少新興國家苦不堪言，柏南克的美國經濟復甦，對貿易往來國家都有好處，所言也非虛構。任何經濟政策利弊均有，對於本國及他國，不能同日而語，包括美國政府必然優先考慮自己的國家。

美國經濟回升，美元一度上升，在各國陸續推動寬鬆貨幣政策，有樣學樣，祭出不同型態QE政策。美國聯準會卻為美國升息時間費盡心思，一些國家憂心美元繼續上漲、資金回流美國，建議美國聯準會暫緩升息。可是箭在弦上，美國聯準會仍優先考慮對於美國經濟影響，升息政策似乎不可避免。

全球化、國際化的國際政治經濟社會，牽一髮動全局，中小型國家（包括台灣）無可逃避。政治經濟密不可分，各國自我承擔乃是赤裸裸事實。台灣各界向柏式請教經濟未來的航向之際，務必認真思考下述問題：第一、客觀認知國際政治經濟現象，不可一昧主觀感情作祟；第二，包括美國世界列強，任何政策仍以本國利益優先考慮，國人不宜過度依賴任一方強權；第三，政治經濟事務密不可分，國內政治人物、學者專家一定要有高度整合能力。

10　兩黨修憲主張的評析

　　立法院正式成立修憲委員會，並在4月9日開始舉行十場公聽會，邀請各界人士針對憲改議題，集思廣益。兩個主要政黨：國民黨、民進黨，也分別提出修憲主張。依據現行修憲高門檻程序，除非兩大政黨取得共識，否則修改憲法，渺乎可得。

　　經過去年一連串政治事件（太陽花學運、九項公職人員選舉結果），國內政治生態丕變，新興第三勢力不可低估。明年初又有總統大選及立委改選，兩大政黨不敢一意孤行，包括修憲議題，應會尊重其他各界意見。台灣自1990年代進行修改憲法迄今，兩大政黨的協商妥協，取得共識，乃是修改憲法成功與否的必要因素。綜觀兩黨近日提出的修憲主張，共識之處不多，由於立法院完成修憲案後，六個月內須交付公民表決。配合明年1月16日總統及立委投票，合併舉行。

　　立法院必須在今年七月中旬完成修改憲法，時程十分緊迫，修改憲法必須慎重，不宜倉促行事。第一階段修憲，兩黨共識只有投票年齡下修18歲，其他包括是否降低修憲門檻，兩黨仍未有共識。亦即第二階段性修憲，極可能仍然依照現有高門檻程序。下修18歲，依據民調結果，仍有不少國人持質疑態度，民主社會仁智互見，新生代思想見解在國際化、網路化、教育普及化之下，應該心智早點成熟。當然仍有不同看法，人言言殊。

民進黨主席蔡英文提出修憲三項基本態度：不要短期計算，要看國家長遠利益；不要倉促修憲，要在穩健中求改革；不要政黨壟斷，要有公民團體參與。以往兩次重要憲改，作者曾經躬逢其盛，在1994年接受當時李登輝總統囑託，撰寫第三階段憲政改革，由當時國民黨中央政策工作會出版。對於各種憲政議題，尤其中央政府體制，各國狀況、台灣可能方案，例如總統制、國會內閣制、雙行政首長制。總統制之下是否設置行政院長，如果有，行政院長定位，總統、行政院長、立法院，三者權責區分及互動，包括不信任權、解散國會權、行政院長的任命同意權、副署權，對於總統的彈劾權、罷免等，均有完整配套分析。

該年因為以推動總統直接民選為主，一些中央政府體制的建議，李總統向作者表示，尚無法執行。2000年政黨首度輪替之後，2001年總統府設立政府改造委員會，由陳水扁總統親自擔任主任委員。作者以行政院研究發展考核委員會主任委員身份，兼任執行祕書。該委員會本來僅討論政府改造課題：行政院組織調整、公私部門人力業務交流、行政流程改革等。但卻有一組討論立法委員人數、立法院運作等，而涉及修改憲法。單一選區兩票制、立委席次減半，在委員會雖有人提出，但並未成為委員會共識（作者也不以為然），未做成共同決議。

2005年任務型國民大會修憲，因為已出任考選部長，未介入參與。

　　作者近年恢復本業，以財經、國際政經為主，不太從事憲政研析。民進黨近三個月，智庫、立法院黨團有關憲改內部會議，受邀出席數次。與蔡英文主席也曾就憲改議題，交換意見。對於民進黨此次修憲主張，大致了解，也十分同意。國民黨的修憲主張，值得商榷之處，不言自明。尤其閣揆同意權，涉及中央政府體制，與權責合一更無關聯，不可一黨之私，刻意操作此議題。

　　修改憲法，不可不慎，不必急於一時，民主多元社會，兩個主要政黨必須開誠佈公，凝聚全民共識，完成修憲任務。

11　台灣為何缺乏治國人才

　　二二八紀念日前後，討論二二八文章等較多，二二八消失的台灣菁英，造成台灣人民政治恐懼，包括柯P親身遭遇，不要涉入政治事務，遠離是非之地。可是已經68年，台灣早已總統民選，李登輝、陳水扁兩位本土國家元首執政20年。為何台灣仍缺乏治國人才，頗值深入反省檢討。

　　作者觀察參與政治活動三十多年，李、陳主政期間，承蒙厚重，參與中樞，與國民黨、民進黨政治人物接觸不少。台灣類似李先生水平的治國人才，鳳毛麟角，國際觀、博學多聞、胸襟開闊，善用人才。陳意志力堅決，衝擊力不低，治理台北市政，出類拔萃。中央政府事務錯綜複雜，陳的施政尚佳，但執政團隊素質不一，打了折扣。除了最高領袖，一流治國人才組成輔佐團隊，不可或缺，尤其中央政府。行政院長、重要部會首長良否，攸關執政績效。陳主政未能得心應手，行政院長、重要部會首長表現欠佳，應是主因之一。

　　行政院長未有部會首長歷練，任職又短，當然成績不佳。重要部會（例如經濟部、交通部、教育部、國防部、財政部、已改制的國家發展委員會）預算、人力約占行政院九成。所屬三級機關、國營企業、轉投資子公司、基金會等財團法人，部

會首長如非一流治國人才，行政領導能力、專業素養、國際視
野、論述能力、政治敏銳度等兼具，否則絕對無法勝任。民
進黨主政八年期間，極少數上述部會首長，十之八九是非民進
黨籍。

　　沒有一流治國人才，不能只怪陳水扁，國民黨長期執政，
加上台灣本來就缺乏治國人才，因此2000-2008年，民進黨政
府能夠任用人才有限。以柯P表現，一流地方政府首長，各行
各業菁英綽綽有餘。但是比較民主國家，傑出優秀治國人才，
仍有一些共同特徵：使命感、領導力、豐富歷練、專業素養、
大學或研究所專攻法律經濟政治等社會科學。當然理工或醫學
背景者亦有，但比例不高。地方治理經驗有助未來中央政府執
政，但是兩者不能劃為等號。

　　台灣的特殊歷史背景，包括二二八事件，造成台灣優秀的
高中生，甚少攻讀社會科學，缺乏使命感，對於政治的疏離恐
懼，一流治國人才的培養，已遜於歐美日本等國家。民主政治
發展緩慢，政治對峙藍綠衝突，治國人才無法超越黨派，蔚為
國用。以美國為例，治國人才在朝出任重要公職，在野轉任智
庫大學，隨時掌握國情，了解政策走向。台灣沒有此種環境，
韋伯（M・Weber）所稱政治是一種志業，不僅是職業。台灣
的先天不足，後天環境仍然缺乏，治國人才唯有自求多福。

　　小英代表民進黨角逐2016年總統大選，已成定局，未來成
為總統機會甚濃。小英是一流治國人才，有媒體稱她沒有李強
勢，不如陳煽情，欠缺馬當年魅力。其實小英治國能力絕對在

馬之上，也不在陳之下。小英最需要的是拔擢治國人才，組成
施政團隊，超越黨派，早日籌組影子政府，尤其行政院長及重
要部會首長。小英六年多來，已有不少輔佐團隊，但是哪些是
一流治國人才，小英一清二楚，有的適合政策或執行幕僚，足
夠擔當大任治國人才，屈指可數。

　　二二八的後遺症之一，缺乏治國人才，但是時間因素已經
消失，不成理由。理性思考成因，有計畫的培養，開放胸襟，
知人善任，才是邁向執政之道。

12　國家發展與政府效能

　　國際社會紛紛弔唁新加坡前總理李光耀，其中美國總統歐巴馬提及李對國家發展與政府效能的理念及表現，頗值各國政治領袖學習。道出不少民主國家政治領袖的共同心聲，也切中李光耀一生輝煌成就之處。

　　李氏的強人政治，菁英統治，家族傳承，未秉持民主政治的人權保障、議會民主、政黨政治。採取務實的國際主義、外交政策，對於中國崛起、台海兩岸互動及其角色扮演等，台灣人民或有不同評價。但是李在非共產體制，主政或幕後支配半個世紀以上，新加坡當年非意願地從馬來西亞聯邦獨立，從小漁港轉型成國際大都市，國家發展及政府效能，全球各國津津樂道。台灣朝野絡繹不絕學習新加坡經驗，甚至感慨，台灣在蔣經國、李登輝之後，為何缺乏類似李光耀人才？

　　批評者認為新加坡面積人口不大，係典型的城市國家，李又貫徹實施非民主體制，因此國家發展、政府效能的成功經驗，無法移植到其他國家。此種論點，部分正確，但仍有值得商榷之處。不論何種類型國家，政府首長的使命任務，即是長遠規劃國家發展願景、目標、策略、具體方案及在全球化、國際化潮流，提升國家競爭力。政府效能成為最關鍵因素之一。

新加坡在李光耀主導之下，在上述方面，表現突出，獲得不少肯定。

　　政府首長規劃國家發展，除了理想價值觀，使命感國家意識等，專業能力、晉用優秀人才組成團隊、集思廣益貫徹執行。理性評估國際政治經濟社會走向，自己國家的優勢劣勢機會挑戰，結合國內資源人力，提出可長可久的國家發展願景、目標、策略、中長期方案。外交政策方面，台灣特殊國際處境及中國大陸因素，對美關係及兩岸互動，更不可低估。有人認為國家認同、台灣前途意見不一，影響國家發展規劃，因此先解決國家認同為先。其實不然，台灣近七十年國家狀況，絕對不影響政府首長規劃國家發展，如有不理想之處，在於未有高瞻遠矚，有魄力不計個人得失的政治領袖，及具效能、行政效率的政府部門，包括行政、立法機關，中央政府及地方政府。

　　民主政治定期選舉，政治領袖任期不長，又須多方考慮立法部門、大眾媒體、民意、壓力團體等，因此在國家發展、政府效能提升等打了折扣。但是愈來愈多有關開放政府、電子治理能力、行政效率、政府驅動角色等探討，1980年以後，全球民主化國家大幅增加，並未在國家發展、政府效能方面能力減損，反而形成正面作用。民主先進國家，例如美國、德國、瑞士、澳大利亞、加拿大、紐西蘭、一些北歐國家，在政治、經濟、社會層次，仍然表現優異。日本、法國、英國，新興民主國家的韓國、印尼、印度等在國家發展規劃、政府效能提升等，也進步不小。

　　台灣近十多年政黨惡鬥，政治領袖缺乏魄力遠見，立法部門效率不彰，政務官五日京兆心理，公民社會尚未完全成熟，文官部門缺乏衝勁使命感，文官明哲保身，若干政治文化膚淺短視影響實際民主運作，地方自治及區域治理尚待提升。諸多因素造成政府效能不高，公共政策制定、執行、考核未能落實，人民滿意度銳減。有關國家發展的願景、目標、中長期方案，頗不理想。政黨一己之私、國家認同意識型態無謂的干預、公民社會團體林立、缺乏理性討論尊重專業文化，文官部門便宜行事。國家中長期計畫方案，內容充斥形式文章，沒有具體執行機關、人力、預算，績效考核評估。

　　時不我與，國際瞬息萬變，台灣不能停滯不前，政府部門責無旁貸，政治領袖及各級政府首長及政務官，高級常任文官，人人有責。李光耀帶給全球（包括台灣）的啟示，不勝枚舉，歐巴馬總統及不少各國領袖的唁文，不約而同道出李氏在國家發展及政府效能的傑出表現。

附錄／研考人員的角色與功能

本文大綱

壹：研究發展與管制考核

貳：研考組織與功能

參：研考人員的角色扮演

肆：研考實務探討

伍：結語

壹：研究發展與管制考核

一、公共政策的規劃、制定、執行、評估

二、研究發展：問題認定、政策可能方案、利弊得失

三、政策制定：民意、行政部門、立法部門等環境、資源、願景、目標、策略、方案

四、政策執行：執行部門、進度、目標達成

五、績效評估：評估方法、指標、究責等

六、管制考核：為民服務、公共建設、治安交通等，定期、不定期查核、考核

七、政策調整、充實

貳：研考組織與功能

一、中央政府研考組織：行政院研考會（1969-2014），
  另經濟建設委員會、工程會、國家科學委員會（科技
  部）也有一些研考業務

二、行政院國家發展委員會（2014-）

三、研究發展、綜合計畫、管制考核、資訊管理、政府出
  版品、檔案管理

四、直轄市政府研考會

五、縣市政府計畫處

六、主要功能包括委託研究、中長程計畫、政府組織改
  造、短中長期政策績效考核、電子化政府、政府出版
  品等管理

七、各機關研考人員（專、兼任）

參：研考人員的角色扮演

一、機關首長的政策幕僚及守門員

二、政策的研究發展

三、政策的績效評估

四、政策執行的協調者

五、跨越機關、單位，縱向及橫向聯繫

六、超然中立，客觀評估

肆：研考實務探討

一、機關首長的重視、信任及授權

二、研考人員的專業性

三、與各機關、單位的互動

四、協助者角色

五、管制作業的公正性

六、簡化管考作業

七、做中學，多了解執行機關、單位的狀況、困難

八、黑臉角色的困惑

九、研考組織未整合領導

十、研考功能的有效發揮

伍：結語

一、機關首長遠見、魄力、智慧、能力

二、研考主管擔當、自我期許

三、研考人員升遷及鼓舞士氣

四、掌握趨勢，與時俱進

五、多與民間部門溝通了解

六、政策貴在制定及執行，設定具體指標，有效考核

七、研考人員任重道遠

Do觀點60　PF0251

開誠布公集思廣益
——林嘉誠政經論

作　　者／林嘉誠
責任編輯／杜國維
圖文排版／周妤靜
封面設計／王嵩賀

出版策劃／獨立作家
發 行 人／宋政坤
法律顧問／毛國樑　律師
製作發行／秀威資訊科技股份有限公司
　　　　　地址：114 台北市內湖區瑞光路76巷65號1樓
　　　　　電話：+886-2-2796-3638　傳真：+886-2-2796-1377
　　　　　服務信箱：service@showwe.com.tw
展售門市／國家書店【松江門市】
　　　　　地址：104 台北市中山區松江路209號1樓
　　　　　電話：+886-2-2518-0207　傳真：+886-2-2518-0778
網路訂購／秀威網路書店：https://store.showwe.tw
　　　　　國家網路書店：https://www.govbooks.com.tw

出版日期／2019年10月　BOD一版　定價／280元

|獨立|作家|
Independent Author

寫自己的故事，唱自己的歌

開誠布公集思廣益：林嘉誠政經論 / 林嘉誠著.
-- 一版. -- 臺北市：獨立作家, 2019.10
　　面；　公分. -- (Do觀點；60)
BOD版
ISBN 978-986-97800-2-5(平裝)

1. 言論集

078　　　　　　　　　　　　108014940

國家圖書館出版品預行編目

讀者回函卡

感謝您購買本書，為提升服務品質，請填妥以下資料，將讀者回函卡直接寄回或傳真本公司，收到您的寶貴意見後，我們會收藏記錄及檢討，謝謝！如您需要了解本公司最新出版書目、購書優惠或企劃活動，歡迎您上網查詢或下載相關資料：http:// www.showwe.com.tw

您購買的書名：_____

出生日期：_____年_____月_____日

學歷：□高中 (含) 以下　　□大專　　□研究所 (含) 以上

職業：□製造業　□金融業　□資訊業　□軍警　□傳播業　□自由業
　　　□服務業　□公務員　□教職　　□學生　□家管　　□其它_____

購書地點：□網路書店　□實體書店　□書展　□郵購　□贈閱　□其他

您從何得知本書的消息？

　□網路書店　□實體書店　□網路搜尋　□電子報　□書訊　□雜誌
　□傳播媒體　□親友推薦　□網站推薦　□部落格　□其他_____

您對本書的評價：(請填代號　1.非常滿意　2.滿意　3.尚可　4.再改進)

　封面設計____　版面編排____　內容____　文／譯筆____　價格____

讀完書後您覺得：

□很有收穫　□有收穫　□收穫不多　□沒收穫

對我們的建議：_____

_____

_____

_____

11466
台北市內湖區瑞光路 76 巷 65 號 1 樓
獨立作家讀者服務部 　　　收

....

（請沿線對折寄回，謝謝！）

姓　　名：＿＿＿＿＿＿＿＿　年齡：＿＿＿＿　性別：□女　□男

郵遞區號：□□□□□

地　　址：＿＿＿＿＿＿＿＿＿＿＿＿＿＿＿＿＿＿＿＿＿＿＿＿

聯絡電話：(日) ＿＿＿＿＿＿＿＿＿　(夜) ＿＿＿＿＿＿＿＿＿＿

E-mail：＿＿＿＿＿＿＿＿＿＿＿＿＿＿＿＿＿＿＿＿＿＿＿